做最有影响力的图书

中国出版集团　　研究出版社

别让不会说话
害了你

岳 晓◎著

# 聪明女人的魅力口才修炼课

CLEVER

我把自己养的这么贵
是不想便宜任何人

中国出版集团　研究出版社

图书在版编目（ＣＩＰ）数据

聪明女人魅力口才修炼课：别让不会说话害了你 /
岳晓著 . -- 北京：研究出版社，2017.6
　ISBN 978-7-5199-0108-0

　Ⅰ . ① 聪… Ⅱ . ① 岳… Ⅲ . ① 女性 - 口才学 - 通俗
读物 Ⅳ . ① H019-49

　中国版本图书馆 CIP 数据核字 (2017) 第 146876 号

# 聪明女人魅力口才修炼课：别让不会说话害了你

| | | |
|---|---|---|
| 出 品 人 | 赵卜慧 | |
| 作　　者 | 岳　晓 | |
| 责任编辑 | 寇颖丹 | |
| 责任校对 | 张　琨 | |
| 发行总监 | 黄绍兵 | |
| 出版发行 | 研究出版社 | |
| 地　　址 | 北京市东城区沙滩北街 2 号中研楼 | |
| 邮政编辑 | 100009 | |
| 电　　话 | 010-63292534　63057714（发行中心） | |
| | 63055259（总编室） | |
| 传　　真 | 010-63292534 | |
| 网　　址 | www.yanjiuchubanshe.com | |
| 电子信箱 | yjcbsfxb@126.com | |
| 印　　刷 | 北京市玖仁伟业印刷有限公司 | |
| 开　　本 | 880 毫米 ×1230 毫米　1/32 | |
| 印　　张 | 7 | |
| 版　　次 | 2017 年 7 月第 1 版　2017 年 7 月第 1 次印刷 | |
| 书　　号 | ISBN 978-7-5199-0108-0 | |
| 定　　价 | 32.80 元 | |

# 前 言
## PREFACE

　　语言是沟通的桥梁，声音是造物主给予的天赋，人类有了声音，渴望去交流，从而创造了语言。我们从婴孩时的咿咿呀呀到大一点了会叫爸爸妈妈，说话成为贯穿我们一生的一项强大技能。学会思考，对每件事情会形成自己独特的看法，但是我们也常常会遇到一个问题，说不清楚，这种问题的产生，会使人思考，是说的有问题吗？是哪里说的不清楚难理解吗？如何才能简洁清晰地表明自己的意思？

　　话不必过多，言多必失。如何可以说得不多，有力并且精确地说出重点，让他人可以清楚地理解我们想要表达的意思呢？在我看来，说话是一门学问，但跟实际行动比起来威力会比较弱一些。老话说得好，光说不做假把式，光做不说傻把式。说话和做事应相辅相成，不要老苦恼为什么不成功，好好的自省一下是否都做好了？说话与做事应是相辅相成的，当这两项都做得够好了，成功还会难吗？

　　这本书主要是为了传授给大家一些说话的经验和方式。不用再害怕没朋友，或许你只是不知道怎么聊天，不知道如何更容易地融入一个群体。不是你不好，你只是没有找到懂你的人，可如果你不说，你不表达，那别人也就无法试着了解你了。

　　阅读本书的过程中要时刻自省，阅读之后可以学以致用。说话从来都不难，用心并且熟练发挥，就能学会说话，这会成为你搞好人际关系的一项重要技能。

# 目 录
## CONTENTS

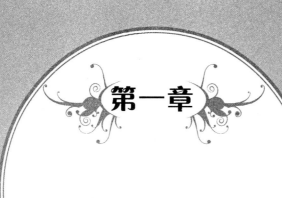

# 第一章

## 灵活运用语言，清晰表达想法

## 性格是形成语言的主要部分

性格是什么？学术上说性格分为本性和性格两种，本性是人天生所具有、不可改变的思维方式。比如，讲这个人天生做事慢、磨叽，这个人天生脾气就大，好吵架等。性格是在社会生活中逐渐形成的，同时也受个体的生物学因素影响。性格有四大特征：对现实和对自己态度的特征，意志特征，情绪特征，情绪的理智特征。这四个特征形成的就是我们的性格。

有个贬义的词汇叫作本性难移，这可能会由我们的长辈遗传给我们，也或许是我们在娘胎里就默默形成的。人性本善，每个人在出生的时候都是善良纯洁的，初次来到这个陌生的世界，双眼紧闭，大声号哭。婴孩时期是没有记忆的，我们不记得母亲有多痛苦，也不理解母亲养育的艰难，只是不知疲倦地折腾着父母。不会说话，却渴望表达，渴望着对方的理解，苦于不知该如

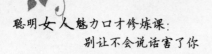

何是好，只得不停地哭着。在我们诞生的时候，本性就像一个透明的罩子，默默地形成了。

性格由后天接受的教育、生活的环境、等等，所有可以接触到的信息形成，这些信息传播到了我们的大脑里，逐渐吸收在我们的思想里。性格是可以改变的，人会从幼稚变得成熟。那我们怎么从会说话到"会说话"呢。第一个会说话意思无非是学会了说话，掌握了一项技能本领。第二个会说话意思为我们怎么去说话，以什么样的方式说话，才可以让周围的人更容易接受，进而得到我们想要的结果。

性格的不同导致我们说话的方式不一样，头脑内思考事情的方式不一样。曾经看过这样一个事例：

同一个幼儿园的四个孩子，吃饭的时候一个小女孩不会用筷子，下面是三个小男孩在看到情况时事说的话。

男孩 A 说："来，我教你，是这样拿的看到没？"男孩 B 则夹起一口饭对女孩说："乖，不哭，张嘴……啊……慢慢嚼不着急。"男孩 C："哈哈哈，笨蛋，连筷子都不会用。"

如果你是这个小女孩你会对哪个小男孩心生好感呢？我想偏向前两个男孩的人要占大多数吧。这种不同好在，人和人之间是有区别的，性格的迥异才使社会缤纷多彩，生活也有更多的乐趣。这种不同不好在，如果太不同了，会很难被别人接受，变成了一个特例，从而被人孤立。改变这种性格，试着从不同的方面去思考同一件事情，不要一根筋地认为这就是对的，这肯定是对的。试着放下肯定，从各种角度去观察，有理性客观地去思考。

回到刚刚的事例，看到这件事后如果这样思考：第一个想法，直观地看，这个小女孩这么大了还不会用筷子。第二个想法，我会用筷子，我可以去教她用，让她也会用筷子，帮助同学是可以让自己快乐的事。第三个想法，可能用筷子并不是这么急于求成的事情，我可以每天都教她一点，看她吃成这样，我作为男孩子，就多照顾照顾她吧。循序渐进地思考，会让行为越发的成熟。有些人可能觉得这样想完了再做事，会失去一些效率。如果可以把这种思考慢慢养成习惯，必定是又有效率并且还做得优秀。

 ## 语言会形成一个波

曾经在某个地方看到这样一句话，语言会形成一

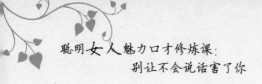

个波，这个波是无形的，当你说出话发出声音的时候，这个波就开始扩散了。这类似于磁场，我们看不到，却可以感受得到。你发出的这个"波"可能会刺痛到其他人的鼓膜，也可能温柔如水地抚过。男子应有男子的气概，女子应有女子的柔情。发出的声音，说出的话语，让其他人接收到信息所感受到的心情，称为语言的感染力。

有些女孩说喜欢有磁性的声音，声音表现出低缓、稍沙哑、悦耳的特征，更具有吸引力。男孩多喜欢女孩声音干净，清脆伶俐，不过尖也不过沉。声音为先天性的特征，如果你的天赋较好，那么你说的话别人也更愿意听更喜欢听，而如果你的声音天赋不那么理想，不要灰心气馁，后天的努力同样可以使你博得周围人的欢喜与赞叹。

试着让他人感受到温柔的"波"，吸引到他人的"波"。

愿意在角落唱沙哑的歌
再大声也都是给你
请用心听不要说话
请原谅我不会说话

爱是用心吗不要说话

——陈奕迅《不要说话》

有很多歌曲、诗词、话剧等艺术形式都极其善于运用语言，形成的波越广，波纹越会掀起涟漪，作品就越受欣赏。它沁人心脾，它纯洁芬芳，可以更直观地感受到语言的奥妙。中国有很多美妙的诗词，例如《蒹葭》：

蒹葭苍苍，白露为霜。所谓伊人，在水一方。
溯洄从之，道阻且长。溯游从之，宛在水中央。
蒹葭萋萋，白露未晞。所谓伊人，在水之湄。
溯洄从之，道阻且跻。溯游从之，宛在水中坻。
蒹葭采采，白露未已。所谓伊人，在水之涘。
溯洄从之，道阻且右。溯游从之，宛在水中沚。

再如杜甫：

昔年有狂客，号尔谪仙人。
笔落惊风雨，诗成泣鬼神。
声名从此大，汩没一朝伸。
文彩承殊渥，流传必绝伦。

龙舟移棹晚，兽锦夺袍新。

白日来深殿，青云满后尘。

乞归优诏许，遇我宿心亲。

未负幽栖志，兼全宠辱身。

剧谈怜野逸，嗜酒见天真。

醉舞梁园夜，行歌泗水春。

才高心不展，道屈善无邻。

处士祢衡俊，诸生原宪贫。

稻粱求未足，薏苡谤何频。

五岭炎蒸地，三危放逐臣。

几年遭鹏鸟，独泣向麒麟。

苏武先还汉，黄公岂事秦。

楚筵辞醴日，梁狱上书辰。

已用当时法，谁将此义陈。

老吟秋月下，病起暮江滨。

莫怪恩波隔，乘槎与问津。

从文言文到半白话文，再从半白话文完全演变成现在的白话文，在日积月累下，语言无不更加神奇美妙。如何将话说好，如何将语言发挥得更加精彩，是一个值得深究的话题。

## 三思而后说

言语交流当中，嘴脑搭配互相协调。古人云：言多必失，主要是为了防止那些没有经过大脑的话脱口而出，造成不好的影响。说话之前勤思考，把握好一个思考的时间，当然这也不是短时间内可以速成的，慢慢来，循序渐进养成一个习惯。

举个事例：

有一个秀才去买柴，他对卖柴的人说："荷薪者过来！"卖柴的人听不懂"荷薪者"（担柴的人）三个字，但是听得懂"过来"两个字，于是把柴担到秀才前面。秀才问他："其价如何？"卖柴的人听不太懂这句话，但是听得懂"价"这个字，于是就告诉秀才价钱。秀才接着说："外实而内虚，烟多而焰少，请损之（你的木柴外表是干的，里头却是湿的，燃烧起来，会浓烟多而火焰小，请减些价钱吧）。"卖柴的人因为听不懂秀才的话，于是担起柴就走了。

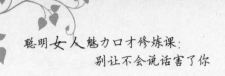

　　故事当中所讲述的是一个很常见的日常问题,不知你是否遇到过,对方听不懂你讲话,或者对方讲话你听不懂。这个问题出现的征结在于我们都忽略了在说话的时候考虑到对方。还有一个很有名的烛之武退秦师的故事:

　　晋文公、秦穆公出兵围攻郑国,因它对晋国无礼,而且在与晋国交好的同时,又私下对晋国的敌人楚国表示友好。晋军驻在函陵,秦军驻在汜南。

　　郑国大夫佚之狐对郑文公说:"国家很危险了!如果派烛之武去见秦国的国君,秦国的军队必定撤退。"郑文公听从了他的话。烛之武辞谢说:"我在壮年的时候,还比不上别人,现在老了,无能为力啊!"郑文公说:"我不能早早用你,今日情急而求你,这是我的罪过啊。然而郑国灭亡了,你也有所不利啊!"烛之武答应了他。

　　深夜,烛之武用绳子吊出城墙,他见到秦穆公说:"秦国与晋国围攻郑国,郑国已明白自己将会灭亡。如果灭亡了郑国而有利于您,那就让您左右的人动手吧。跨越晋国,把秦国的边界置于远方,您也知道这有多大困难,怎么可以用灭亡郑国来扩大邻国的疆土呢?邻国越雄厚,您就越薄弱。如果饶恕了郑国,并且把它作为东边大道上的主人，那么秦国使节来往时，我们就可以供给他所缺的东西，您并没有损失什么。何况，您曾经对晋王赏赐过好处，他答应把焦、瑕两地给您。可是，晋王早晨渡过河去，晚上就筑城来防备您，这是您所知道的吧。晋国哪里有满足的时候呢？它既然能把郑国当成自己东边的国境，那就会肆意扩大他西边的国境。如果不损害秦国，又将从何而去取呢？损害秦国来壮大晋国，就请您认真想想吧。"

秦穆公很高兴，便与郑国订立了盟约，派杞子、逢孙、扬孙守卫那里，自己就回去了。晋国大夫子犯请晋文公追击秦军，晋文公说："不行。没有那人的力量，我今天也到不了这一地位。依靠别人的力量，而后伤害他，这是不仁义；失去了自己所结盟的力量，真是不明智；利用混乱去改变已有的协调，这并不是威风。我还是回去吧。"于是，也离开了郑国。

故事当中讲述的烛之武不用一兵一卒，就找到对方的弱点，就轻而易举地缓解了自己国家面临灭亡的危险。找到合适的切入点，机警地解除了自己国家面对的困难。

中国语言是博大精深的，就连南、北方都会有区别，有这么个例子：南方人与北方人交流过程中，在谈

论起"配偶"的时候，北方人说自己已经有对象了，而南方人认为对象是指男朋友或者女朋友，实际北方人讲的对象就是自己的丈夫或者妻子，而不单纯的只是普通的恋爱关系了。

地域不同，说话方式也会不同，一方水土养一方人。环境感染人，改变人的一些习惯，塑造了一些新的习惯。我们要善用脑勤思考，多从不同的方面看待问题，避免失言造成的后果。多去聆听和理解，累积知识，陶冶情操。你要相信自己可以成为比现在好百倍的人，你也要相信你可以更加健谈更加有人缘。

 ## 想说，敢说，练就好口才

提高就是要改变，而达到完美就是要不断改变。

——丘吉尔

丘吉尔是一名善长演讲的伟人，演讲当中奋发激昂和铿锵励志的话语即使再过几十年仍可以鼓舞人心。丘吉尔的口才和他所处的时代环境有一定的关联，当时战争四起，面对党派之间的利益之争，他无时无刻不在演讲，甚至连洗澡的时候都要发表那些高亢的演讲词。

如此的伟人为了演讲都在不断地努力，在丘吉尔的演讲当中，提高永远是无穷无尽的，他高傲并且勇敢，他自信并且能够克服困难。不要尝试做你喜欢的事，要去喜欢你正在做的事。这也许只是一个作业，一个简单的课题，一次学术间的讨论，一次并不正式地公开发表自己的看法。凡是困难均要克服，以我自身来看，如果真的对某件事毫不在意，那定会尝到苦果子。

记得在小学的时候，我十分荣幸地被老师喊去准备下周一的国旗下讲话，老师准备了话稿让我和另外一个女生去背诵。当时觉得没那么重要，怠慢了这件事情，想到台下那么多人又十分紧张。到最后老师验收成果的时候，我磕磕绊绊竟然一字都说不出口，老师严厉地批评教育了我一顿，让另外一个学姐代替了我参加国旗下讲话。这件事让我十分沮丧，我不断地指责自己，又后悔当初没有尽力而为，选择了逃避。

此后，我无时无刻不去激励自己，如若任由懒惰占了上风，那么失败就会接踵而来。怯场、害怕、口才不好、文笔不好等繁多问题，有些并不是解决不了，更多的是不愿意去解决，懒得解决，想着将就凑合了

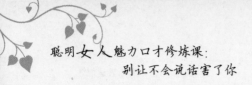

事，这恐怕是最大的一个障碍了。怯场的原因无非是对台下人太过在意，导致了内心的恐惧。找到一个合适自己的办法，让自己沉浸在自己的语言当中，沉浸在自己的感情当中，分散了注意力，就不会太在意台下的观众了。

不敢说话、说话打磕巴。如："然后、嗯"之类的语气词频繁使用，也会使听众感到不耐烦。所以，一定要做好充足的准备，多加巩固地背诵几遍，对着家人或者朋友多练习几遍，就会有一个显著的效果。

好口才在我们日常生活当中有多重要呢？如果是个推销员，有好的口才就更容易推销自己的产品，提高自己的业绩；如果是个医生，委婉的话语更能安抚病人的内心，让病人更容易了解自己的病情并配合治疗；如果是个学生，诙谐幽默的话语可以赢得同学的喜欢，老师的关注；如果是个普通人，善意实诚的话语可以赢得家人的信任、在家庭的地位和自我的尊严。

会说、敢说、不惧说，不去排斥说话，试着与他人去进行交流，从生活琐事上开始练习。假以时日，也必定有不小的收获。

**情商的修养与说话的必要关系**

　　情商（Emotional Quotient）通常是指情绪商数，简称 EQ，主要指人在情绪、意志、耐受挫折等方面的品质，其包括导商（LQ）等。总的来讲，人与人之间的情商并无明显的先天差别，更多与后天的培养息息相关。它是近年来心理学家们提出的与智商相对应的概念，从最简单的层次上下定义，提高情商是把不能控制情绪的部分变为可以控制情绪，从而增强理解他人及与他人相处的能力。

　　这种能力的培养在我们的生活中是否重要呢？先来听一段故事。

　　赶上二胎政策，我大嫂开始准备再生一个孩子，大嫂家的孩子知道妈妈要生二胎之后一直闷闷不乐，对这件事也表示出了不赞同的抵触心理。

　　大嫂怀孕 4 个月的时候，我和母亲去大嫂家玩，母亲看到孩子噘着个小嘴也不理人，心里多少都明白怎么回事，于是就逗弄孩子说："哎呀我们家心心要当姐姐了，一下子就变成了小大人了，妈妈给你怀了个小妹妹开心吗？有没有想好怎么教导她给她做小榜样呀？"母

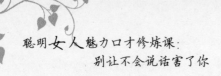

亲一板一眼地告诉孩子要怎么带小妹妹，孩子对小妹妹的即将到来感到异常兴奋，用小脸贴着她妈妈的肚子，笑的一脸幸福。

这时候我姨家的姐姐来了，她也知道孩子一直因为妈妈生二胎不开心，还故意去说："小心心，等你妈妈有了妹妹就不喜欢你啦，把爱都给妹妹了呦。"孩子听了眼泪一下就夺眶而出了，哇哇大哭着跑回了自己屋里，怎么敲门都不肯再开，哭喊着妈妈不爱自己了。

母亲狠狠瞪了我表姐一眼，闹成这样大家都挺不高兴的，最后可是费了百般力气才把孩子哄得不哭了。

你觉得故事中的表姐这样说对吗？明知他人痛点却直言抨击，这种行为是过分并且令人讨厌的。表姐本身或许并没有恶意，只是一句逗弄的玩笑话，但如果多想想自己说出的话能带来什么样的后果，想必不会这么令人难堪。说话不假思索，完全没有想到祸从口出。

情商与后天的培养息息相关，提高情商能增强与他人相处的能力。请勿直言直语说对方的缺点，大部分人对此都极其讨厌。例如：你怎么这么胖啊，你这眼袋怎么这么大啊，等等。对于女性遇到这种人大概就是分分钟绝交并且视而不见。对于男性，你买房了吗，你有多少存款啊，你怎么还没有对象啊，等等。诸如此类的话题，容易引人反感，在平等的交友过程当中不一定需要吹捧并且迎合对方，知礼节懂礼貌是最需要优先具备的。

# 第二章

## 学会幽默，赢得好感

**如果我们的语言是威士忌**

　　题目是村上春树写的在旅游当中所遇和享受过的美食，用文字谱下美味的一本书。带着海水的味道，带着威士忌的香醇。然而题目所说如果我们的语言是威士忌，却又是以烹饪美食为主题的，让我不禁想，倘若我们的语言可以如同书中所描述的美食美景那么缤纷多彩香味四溢，语言成为美味，语言感染着我们的心灵，那将会成为多么美好的事情。

　　有人寡言有人健谈，有人魅力无边，有人惹人生厌。如果你寡言，你为什么不爱说话？如果你健谈，你都在与大家说什么？如果你魅力无边，你觉得是你哪里吸引别人？如果你惹人生厌，又是哪里不讨人喜欢？吾日三省吾身，那么关于自己的优缺点是否都有想过缘由呢？如果性格使然，是否想过改变？如果是

生活使然，是否想过调整心态？与其他人说话的时候
口气如何，言辞间的细节如何，你或许觉得这实在是
要考虑的太多了，说话真的有这么复杂么？可是但凡
没有天生的能力，后天的努力还不是想变得更优秀一
些。做事谨慎小心，说话注重场合，别人的成功不是
偶然，倘若不是比他人多千百倍的努力，又怎可换得
成功的模样，又怎可换得受人敬仰的德行。所有的努
力都不会成为白费，自信向上，乐观豁达，在语言中
享受如同美食一般的幸福，喜欢与他人交流，善于与
他人沟通。

村上春树这本书里面有句话说："往牡蛎上浇纯麦
威士忌更好吃。吉姆告诉我，这是艾莱岛独特的吃法。
试一次你就忘不了。"食物有特有的吃法，说话同样有
特有的技巧，就像不同的地方有不同的吃法，不同的场
合也有不同的交流方法。善于搭配而敢于尝试多种搭
配，用语言化解矛盾，用语言诉说美丽，用语言博得爱
人欢心，用语言博得老板的信赖。尝试说话，好比尝试
吃法，只有在实践当中探索真知，与他人交流时注意他
人的情绪和表情，当然不是指全部顺从他人，观察别人
从而了解别人。不是所有的顺从都可以得到真正的好
感，更多的是真诚。

如果语言真的是威士忌，会令他人感受醇美，令他人享受迷醉，会人缘好，朋友多，亲人赞扬，生意场上胜利，学业上进步。不说别人爱听的话，而说别人即使不爱听却也肯虚心接受的话。语言当中的技巧和奥妙，或许是需要更深刻的钻研和理解。从现在开始品这杯酒，在未来的某一天分享这杯酒。

 ## 笑容的大部分来自语言

幽默的语言可以给生活带来多么美妙的感受呢？中国有周星驰，外国有憨豆先生，他们创作的这些经典作品，都是看一次回味一次又再笑一次，即使都已经熟络到知道下一句的台词是什么了，却还是百看不厌。这就是幽默所带来的乐趣，风趣的话语，可以更轻松地与他人交流，谈笑风生当中一方面让他人更乐意听自己说话，另一方面自己在说的过程当中也会感受到轻松，我想这是最轻松的聊天了，在分享快乐当中收获更多的快乐，没有比这更好的了。

说起语言的幽默，相声属于国之一宝，精华浓缩在

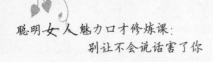

此，是真正无法媲美的优秀艺术。相声是每年春节晚会必有节目，内容更贴近生活，从身边的小事抓起，再从中陶冶出笑点，用这些贯通成作品内容。有的是对社会的讽刺；有的是单纯的幽默，让除夕夜能够不孤单地带着欢声笑语度过。例如，我最喜欢德云社的相声，逗哏与捧哏之间的互动，演员与观众亲切的你来我往，无论是表情还是言行无一不惹我发笑。再看看花絮中的他们，为了作品的不辞辛苦，为了相声内容熬夜奋战绞尽脑汁，这都强烈地感动着我。想想有些人为了得到你的笑声付出了那么多的努力。

喜悦的情绪不仅可以令我们轻松，更多的是让我们感受到了向上的积极性。用语言表达的方式来传播快乐，感受着获得时的快乐，快乐分享时感受传递的快乐。这是一种简单而易得的幸福感。不带有压力，全是满满的开心。

如何做一个有幽默感的人呢？多观察生活，观察的细致和自信，把身边引起发笑的点记录下来，一个一个笑点的积攒就是一个培养幽默的过程。当再把这些笑点告诉别人，实际上慢慢掌握着逗他人开心技巧的同时也就学会了如何去幽默，又怎么去创造幽默了。不用刻意也无须夸张，口述再加肢体上的协调，我想都可以令周围人感受到喜悦的情绪。

如何去感受幽默？当有人传递一些快乐的时候，有些人会觉得这有什么可笑的，这并不好笑呀，诸如此类的情况。就好比常说外国人的笑点要比中国人的笑点低很多，或许不经意的一件小事，都可以惹人发笑。那么这就跟地域和自身的环境有一定的关系，不过即使再不好笑，他人分享的话也常常是带有对方的一片好心，适当回应一下又有什么不好呢？

在幽默中可以积攒的知识也有很多，笑点来自生活，当然了解更多的是生活上各种各样的事情，从当中吸取好的，消化差的。对掌握一定的社会知识是有一些帮助的，所有的开心幸福快乐，甚至是会逗别人开心，都会成为一种自身的长进和提高。

幽默能为我们自身带来许多好处，生活中各种各样的琐事都太让人烦躁，感受幽默是一种非常廉价却非常有效的让自己获得轻松的方式，不用去听一场音乐会来平复心底的躁动，不用去破坏物品发泄心中的焦杂。只需要放平心态坐下来好好地感受幽默，笑过一场之后，犹如春风拂柳叶一般好不自在。

乐于沟通，喜形于色，又怎么怕没有一个好人缘呢？

## 用话语温柔生活得到好感

　　我曾在网上看过一个挺热门的话题"会说话的人不惹人生气",话题的内容大致讲了三类人:成熟的人,聪明的人,豁达的人。这就令我有所疑惑了,为什么这三类的人说话就不惹人生气呢?

　　什么样的人才能称为成熟的人? 陈光宪先生在描述成熟时说:"成长就是下棋的时候,能赢了老爸;成熟就是你明明能赢老爸,却让老爸小赢一下。"我想成熟就是可以更适度地懂得收敛,收敛的同时也不失放开。这是一个很难把持的度,但唯有会了才可以证明成熟。所以在成熟的时候,更会宽容体谅他人的感受,更可以容纳他人的一言一行。在尚未成熟的年纪里,各种磕磕碰碰都会成为在未来成熟的一个契机,在无数次的吃一堑长一智之后,才能真正成熟。

　　什么是聪明的人? 聪明的人很多,例如,爱迪生、居里夫人、爱因斯坦、钱学森、邓稼先这些科学发明家,现有屠呦呦、袁隆平、霍金等,他们专注于对人类造福的创造，专注于对人类未知的发现。我无比尊重并且感谢这些人。正如他们奉献给人类一生，所以也得到了莫大的荣誉和厚爱。

我有幸去清华大学参加一场活动，袁隆平先生在台上对粮食的见解深深地触及了我的内心，他说这每一粒米都像是他的孩子，他对水稻的热爱和珍惜感动着我。那次的主题是"光盘行动"，激励大家吃多少取多少，吃不了尽量打包带走，不浪费一粒粮食，不浪费农民的辛勤汗水。袁老说到激动之处眼眶带着微微的红，他对大米的爱是伟大的，而这份爱在我们平常人当中是难以达到的。如今年迈的他还全身心地投入在杂交水稻的工程中，他用手轻轻地捧着稻子，小心翼翼地好似怕伤害了那一粒粒肥润的稻米。而对生活当中的聪明人，他们聪明的处事方法，专注于某件事情上的亲力亲为，也会得到我无比的尊敬。

豁达的人大概是这三种人中最好理解的，豁达本身的含义指心胸开阔，性格开朗，是宰相肚里能撑船的大度和宽容，是乐观的豪爽，更是一种洒脱的态度。豁达被称为人生中最高境界之一。古往今来，对豁达这个词也有很多诗文所著。

石火光中争长竞短

几何光阴

蜗牛角上较雌论雄

许大世界

临乱世而不惊

处方舟而不躁

喜迎阴晴圆缺

笑傲雨雪风霜

生当阳间有散场

死归地府又何妨

阳间地府俱相似

只当漂流在异乡

不如意事常八九

足下有路总莫愁

——常香玉

　　内容散发着豁达的气息，洒脱的态度，看待任何事不大悲大喜，无急躁焦虑，看淡世事无常，又有勇敢进取的精神。

　　我想如果有一个温和向上的心态，言语从心而发，如何用话语温柔生活得到好感？要从心灵深处保持好的心态，优秀的品格，豪爽的性格，都可以使说出的话不显得那么苛刻，不那么僵硬，不易使他人难以接受，不易使自己觉得委屈。心灵美的人固然说出的话也带着美，心灵善的人说出的话也带着慈悲。

认真地感受生活，从生活当中摒弃反面的信息，更多地吸纳优秀的品德。放缓语气放平心态，放柔声音，多带着笑脸上阵，温柔了生活，也释然了自己。

 **快乐来自小事**

当情绪的状态保持着愉悦向上时，说的话也将无比悦耳。

何苦再对着那些糟糕的事情郁郁寡欢呢？在生活当中有什么事情是温馨而快乐的呢？是情人节的时候收到他送的玫瑰，是劳碌到家的时候看到一桌热腾腾的饭菜，是在努力学习后得到的 100 分，还是获得新生儿的喜悦呢？

人生在世不称意，明朝散发弄扁舟。在生活上与他人发生口角，在工作中发了一句牢骚，在事后苦恼当时

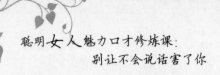
不该那么说话。这些造成的不好影响，给别人带来了对自己不好的印象，倘若一心认为自己是对的，那么勿轻易转变态度；倘若认为自己所为有所欠妥，即可大方承认过失，维持自己的本心和自己原有的性格也是更为重要的。但是更多的斤斤计较只是让自己难受而已，而快乐是最好的调解品，有的人常说，在笑得忘乎所以的时候大脑一片空白，什么杂七杂八的全都没了。

幽默是一个更大的分类，快乐只是它其中的一小部分，这一小部分更贴近生活，在身边发生的更加自然。

在生理上可以锻炼肺的呼吸功能，清洁呼吸道使肌肉放松。在心理上可以消除紧张压力感，更有助于克服羞怯心理，很大力度地帮助我们适应环境，乐观地对待生活。在受到鼓励和赞扬的时候心情就会喜悦，这种喜悦还会给我们带来一种心理暗示，比如，有人夸你说你是最棒最优秀的，无形当中你就会觉得，我可以做到最棒，我是最优秀的。

举一个例子，刚刚学习自行车的孩子，刚蹬上两轮的车无法保持住平衡，心里总会不断地告诉自己"不要撞上人，千万不要撞上"。明明在无数次警诫自己了，却依然毫无防备地撞上。在心理上这是一种消极的心理暗示，在告诉自己不要撞上的时候，实际一个相反的作用就是，一定会撞上的。好比在考前几分钟的时候，在看一会儿复习题，总是警诫自己不要忘，这个重点不能忘。考试开始的时候发现那些临阵磨枪的内容也早都忘得一干二净，丝毫想不起来。

积极的心理暗示更多是从其他人身上获取的，得到他人的认可。向往着美好，心态就会美好；向往着邪恶，心态就会转为黑暗。潜意识当中我们会给自己下达一个指令，你是什么样的人？你会成为什么样的人？如果总想着不可能，那就一事无成，如果想可以的，那么成功就敞开怀抱迎接着我们的到来。美国心理学家威廉斯说："无论什么见解、计划、目的，只要以强烈的信念和期待进行多次反复地思考，那它必然会置于潜意识中，成为积极行动的源泉。"

积极向上的乐观心态，可以给我们带来很多好处。浸透在心灵当中的快乐，是对生活的一种慰藉；沉浸在心灵当中的悲伤，是对生活的一把利刃。

说话当中对于音调的抑扬顿挫，词语搭配的巧妙结合，面带温柔地与他人交谈，气质和话语都在不经意间更值得被人注意到了。如果是一个女性，优雅大方的第一步就是如此了吧。如果是一个男性，被女性追捧的绅士形象也是从这里开始的吧。

## 过于幽默有伤大雅

煦兮杳杳，孔静幽默。幽默在国史当中最早出现是在屈原的《九章·怀沙》，而在这里的幽默意思恰恰是安静。现在的幽默则是英语 humor 的音译过来。"最上乘的幽默，自然是表示'心灵的光辉与智慧的丰富'……各种风调之中，幽默最富于感情。"（《林语堂——论读书，论幽默》）

何为过于幽默？

事例一：错误场合的幽默。张天陪伴家人一起参加了舅舅的葬礼，看着自己母亲不断地掉眼泪，张天觉得心里很难受。想采取"幽默"的方式哄母亲开心，随口就说了句："母亲别哭啦，舅舅没准就在我们身边看着我们呢。"母亲赶忙打他让他不要再说话了。

事例二：不断地幽默。张丽华是一位性格开朗乐观向上的女生，平常在宿舍里面话最多，讲的内容总是让宿舍的几个舍友哄堂大笑。有一阵子，宿舍里其他几个舍友都在忙碌着考研的事情，比往常安静了不少。丽华就有点受不了了，每天都在宿舍里讲一些趣事趣闻惹大家发笑，可是发现过了几天舍友就谁都不理她了。她很苦恼地问大家为什么不理她，舍友说："你讲的话题确实挺有趣的，但是我们实在太忙了，希望你做点别的事情吧。"这时她才意识到，自己打扰了别人学习，不仅没有为舍友减压反而是为她们增加了烦恼。

何为恰当的幽默？

事例一：我国著名作家老舍先生是好幽默的。他在某市的一次演讲中，开头即说"我今天给大家谈六个问题"，接着，他第一、第二、第三、第四、第五，井井有条地谈下去。谈完第五个问题，他发现离散会的时间不多了，于是他提高嗓门，一本正经地说："第六，散会。"听众起初一愣，不久就欢快地鼓起掌来。

老舍在这里运用的就是一种"平地起波澜"的造势艺术，打破了正常的演讲内容，从而出乎听众的意料，收到了幽默的效果。

事例二：鲁迅先生结束《在上海中华艺术大学的演讲》时说：

以上是我对于美术界观察所得几点意见。

"今天我带来一幅中国五千年文化的结晶，请大家欣赏欣赏。"

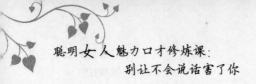

说着，他一手伸进长袍，把一卷纸慢慢从衣襟上方伸出，打开一看，原来是一幅病态丑陋的月份牌。顿时全场大笑。

鲁迅先生借助恰到好处的道具表演，与结束语形成鲜明的对比，极具幽默。不仅使演讲在欢快的气氛中结束，而且使听众在笑声中进一步品味了先生演讲的深意。

事例三：在延安的一次演讲会上，当演讲快结束时，毛泽东掏出一盒香烟，用手指在里面慢慢地摸，但掏了半天也不见掏出一支烟来，显然是抽光了。有关人员十分着急，因为毛泽东烟瘾很大，于是有人立即动身去取烟。毛泽东一边讲，一边继续摸着烟盒，好一会儿，他笑嘻嘻地掏出仅有的一支烟，夹在手指上举起来，对着大家说："最后一条！"

这个"最后一条"，毛泽东的话是最后一个问题，又是最后一支烟。一语双关，妙趣横生，全场大笑，听众们的疲劳和倦意也在笑声中一扫而光了。

事例四：美国诗人、文艺评论家詹姆斯·罗威尔1883年担任驻英大使时，在伦敦举行的一次晚宴上发表了一篇名为《餐后演讲》的即席演说。最后他说："我在很小的时候听人讲过一个故事，讲的是美国一个卫理公会的牧师，他在一个野营的布道会上布道，讲了约书亚的故事。他是这样开头的：'信徒们，太阳的运行方式有三种，第一种是向前或者说是径直的运动；第二种是后退或者说是向后的运动；第三种即在我们的经文中提到的——静止不动。'（笑声）先生们，不知你们是否明白这个故事的寓意，希望你们明白了。今晚的餐后演讲者首先是走径直的方向（起身离座，做示范）——即太阳向前的运动。然后他又返回，开始重复自己——即太阳向后的运动。最后，凭着良好的方向感，将自己带到终点。这就是我们刚才说过的太阳静止的运动。"

幽默的好处很多，能够熟练掌握运用，需要多累积知识，从说当中掌握技巧。学会幽默，善于幽默，感化了周围人，娱乐大众的同时也慰藉了自己。

# 第三章

## 用语言抨击，勿丢素质

## 嘲讽有道不失品德

巴金《春》:"'这就是我们高家的教育!'觉民嘲讽地插嘴道。"从古至今有很多著名的讽刺类作家,例如,欧亨利、鲁迅、马克·吐温、契诃夫,等等。多为评判当时的社会风向,最终的目的是暴露社会罪恶,以诙谐讽刺的风格来纠正社会恶习。

人与人之间最容易发生的就是磕绊和口角,意见不统一的争辩,有的甚至大打出手,使矛盾更加升级化,有的受了伤更是得不偿失。吵架的过程中最容易爆出粗话陋语,明明是别人的错反而又成了自己没素质的情况。那么作家们会以一种更为委婉的方式表示生气讥讽对方,文艺地表达了自己的不满,黑色的幽默也不禁惹人莞尔一笑。

高跟鞋的摩登女郎在马路边的电光灯下,咯咯地走

得很起劲，但鼻尖也闪烁着一点油汗，在证明她是初学的时髦，假如长在明晃晃的照耀中，假使她碰着"没落"的命运。一大排关着的店铺的昏暗助她一臂之力，使她放缓开足的马力，吐一口气，这时才觉得沁人心脾的夜里的拂拂的凉风。(《夜颂》鲁迅)

在这里的"没落"是在"革命文学"论争中，创造社成员曾讥讽鲁迅先生词。鲁迅先生则巧妙地应对他人的讥讽，引用在了自己的文章当中，带着独有特色的幽默，又不失反讽之意。

当然这如果在面对面吵架的时候，互相的嘲讽讥笑会不断地累积对彼此的愤怒，生气固然不好，可正在气头上又怎么能轻易地安息这怒火呢？只是在不断责怪他人的时候，设身处地地再多好好想一想，倘若对方无法理解那么就摆脱交往或者再见面就相敬如宾，不再往更深的地步相处。生气也不能总憋在心里，选择一个最合适的方法发泄出去，骂几句能爽快的尽量不动手，非要逼的动手了就要努力克制住。伤害别人总是不好的，也不能伤害自己。

适度的挑衅，绝对能让谈话热络。因为每个人都希望自己的意见被重视，被探讨，而不是被一个没有原则的人点头称是，敷衍了事。(蔡康永)

　　我国清代有一部现实主义的长篇讽刺小说《儒林外史》，鲁迅先生评为"如集诸碎锦，合为帖子，虽非巨幅，而时见珍异"。作家们对于现实社会的愤怒，以一种更加柔和的方式写在了故事里，对社会的不满，对当时周围人的不满，发泄着自己的情绪，也客观体现了当时体系的虚伪、恶劣。动笔写一写愤怒又何尝不可呢？在写作的过程中消散生气的心情。

　　最难塑造的是品德，最易改善的也是品德，不一定每个人都要做一个大善人，做一名伟人，但在情绪的控制上，别让生气害了自己，别让口角和矛盾伤害了别人，反而自己吃了苦果。吵架当中带着愤怒色彩的话语，渐渐地放缓一下，心情慢慢冷静一下。最后别让语言成了刀剑，刺伤那些爱着自己的人。

 ## 语言可以成为一把无形"刃"

　　别人骂你一句，你会骂他一句，这叫吵架。别人赞美你一句，你回一句赞美，这叫社交。(《蔡康永的说话之道》)

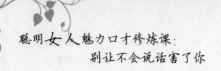

　　单元里有一对小两口，每天吵架好似家常便饭，什么难听的话都能说出来，邻居之间有的看不下去了劝解两句，然而无果。前几天大概是为孩子的事情又吵架，小孩4岁了正在上幼儿园，俩人都是工作狂，每天早出晚归没有太多的时间照顾孩子，更多都是放在托儿所或是给保姆看管。那天婆婆提出自己有意愿带孩子，但是女方又不同意，因为这事开始闹的越来越凶。

　　女："现在老年人带孩子，最容易惯着孩子了，什么都迁就着，绝对不能让老人带，再把我孩子带坏了。"

　　男："你这话怎么说呢，我还是我妈一手带大的，我这不也好好的吗？"

　　女："老年人和孩子属于隔代关系，到时候又不敢凶他，想要什么给买什么，而且现在正是长身体的时候，把身体吃坏了，不行。"

　　男："我妈又不能毒死孩子，我会跟我妈商量这事，你又管不了孩子你还不让别人帮着管。"

　　女："我还不是为了挣钱，房贷、汽油、柴、米、油、盐、孩子上学，哪样不得要钱，没有钱怎么生活！你怎么不管孩子啊！"

　　男："你忙我就不忙了啊，所以让我妈带何乐而不为呢？"

女："绝对不能让老年人带孩子，你没看现在媒体电视报道啊，喝可乐把牙都喝没了的，成天吃零食吃的体重超标的，我可不能让我孩子受这个罪！"

男："我就不明白了，我妈带孩子就叫让孩子受罪了？你有本事你看，你没事本事就让我妈给看。"

女："这事除非我死了，否则绝对没门！"

男："你这个女人 是不是脑子有病啊，被害恐惧症嘛你！"

女："我有病，我有病你还跟我在一块，找你外头野女人去啊！她们没病！"

男："你这人简直不可理喻！"

……

两人都是在为孩子的事情操心着急，都说是为了孩子的教育好，可是在双方争吵的时候，何苦不是让在旁边听到这些话的孩子难受呢？吵架伤害了对方也伤害了自己的感情，是一把锋利的双刃剑，刺着对方，又伤害着自己，还牵连着孩子。诸如此类的争吵就好像每天的新闻联播一样，总是固定上演这么一段。有几次都提到了离婚，好在还看在孩子的分上没有真的离婚，但是作

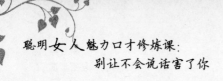

为彼此最亲近的人，每天在一起生活，这样的三天一小吵五天一大吵甚至日日接连不断的，想想都让人觉得活着太不自在了。

如果两个人可以坐下来就事论事的好好商谈一番，各自认真地听取一下对方的意见，进行一场小型的家庭会议。现在像这种家庭多之又多，问问别人家是怎样的，看看是否能适用在自己的家庭当中，找到解决办法总比成天怒目圆睁吵架的方法好得多吧。更重要的是伤害自己爱的人，这是多么痛苦的事情。

语言可以成为一把无形的"刃"，割着你的肉，流着我的血，都疼的脸色苍白四肢无力了，却还要苦苦坚持着自己所谓的观点不肯软化。不能和重要的人吵架，不然，可能会抱着吵架状态永别。放下这把利器，用更柔和的方式选择化解。

面对那些骂我的人，我哪里有时间停下来和对方吵架，或者是回头解释？我只能一直跑一直跑，跑远了，那些站在原处骂你的人声音就小了。也许前面还会有新的人骂你，但我还是相信越是前方，有工夫骂人的人越少，因为大家都在奔跑。（刘同）

## 面对三观不正，准确用语阐述观点

现在有个网络热词，三观不正。三观一般是指世界观、价值观、人生观。世界观，也叫宇宙观，是哲学的朴素形态。人生观是指对人生的看法，也就是对于人类生存的目的、价值和意义的看法。价值观是指人们在认识各种具体事物的价值基础上，形成的对事物价值的总看法和根本观点。

三观不正当中著名人物我想非《阿Q正传》中阿Q莫属了。

阿Q的精神胜利法是奴隶们在失败面前闭上眼睛，用瞒和骗制造胜利的幻觉麻醉自己，把奴隶的屈辱和失败的痛苦变成精神上的自满自足，从而使自己麻木不仁、安安心心地做奴隶。阿Q好赌，但总是输，然而有一回却福星高照，终于赌赢了，他居然"赢了又赢，铜钱变成角洋，角洋变成大洋，大洋又成了叠。他兴高采烈"，可惜的是，"不知道谁和谁为什么打起架来。骂声打声脚步声，昏头昏脑的一大阵"。阿Q也挨了几拳几脚，到头来"他的一堆洋钱不见了""很白很亮的一

堆洋钱不见了"。然而，阿Q毕竟是阿Q，他还是能拿出与众不同解除痛苦的办法来。阿Q忽然"擎起右手，用力地在自己脸上连打了两个嘴巴，便心平气和起来，仿佛是自己打了别个一般"，于是，又觉得"心满意足得胜"了。

对于阿Q的人物描写，像是那个时代的小丑，自尊自大、自轻自贱、自欺欺人、欺软怕硬。比如，在被人揪住辫子往墙上撞头的时候，阿Q就自己说自己是"虫豸"，将自己贬低为"虫豸"希望别人放了自己。并且在轻贱自己为"虫豸"之后，又犯了自尊自大的毛病，认为自己是第一个能够自轻自贱的人，所谓的"第一个"就是无上的荣耀，于是阿Q又在精神上胜利了。试想这种人如果在现代真正出现的话，你是否会想，根本就无法跟这种人交流呢？

是否觉得三观不同的双方很难交流了？无法改变对方的想法，而对方的想法说出来甚至令自己鄙夷恶心。可三观又没有一个固定的规则，全然是由大众方面是否能更加接受来决定的，这样想问题，所谓树立良好的三观更容易让他人接受了。

网上对于三观的热评，更多的是两性相处，大龄男青年女青年的人数越来越多，那么以相亲这种形式介绍对象的也就很多了，有的家长或是想对方条件不错长得也挺好，可是当两人一见面了却觉得什么都不行。有的留了联系方式，一次见面聊过几句之后也就不了了之，有的甚至就见了个面就再也没有音讯了。不合适又不合适在哪里呢？说话聊不到一起，没有共同的话题，没有相同的兴趣爱好，更多的是对待事情的看法不一样。

这些统统都可以称为三观不合所导致的，聊不到一起，没有话说的尴尬。谈恋爱还是要看缘分，缘分到了再努力去争取，找一个三观相同的人想必在当今还是有一定困难的事情。所以两性之间的话题暂且不谈，三观不同的话，真的是很难聊天，也千万不要去强求了。

 **真诚是感化别人的重要品质**

明月是一所全国知名大学的优秀生，家里比较有钱，父母经商产业丰富，从小就是爸爸妈妈手心里的小公主，身上穿的衣服是知名品牌货。由于父母经商但文化不是很高，从明月小时就想让明月成为一名学识渊博的名媛淑女。明月倒也没有辜负父母的期望考进了大

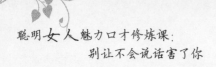

学，明月是上海人，大学在北京，故而就住进了学校。

　　宿舍是普通的四人间，除了明月外还有三个女孩，入学当天明月开着父母给买的车，带着自己繁多的物品搬进了宿舍。另外三个女孩当中，有一个叫雅然，雅然跟明月的情况相比简直一个是天上一个是地下。雅然家境并不好，甚至没钱供雅然上大学，要不是学校有助学金，雅然很可能就被埋没掉了。雅然由于家庭的关系，从小就很自卑，话也不多，人多的时候都不敢抬头看着别人。

　　宿舍四个人都到齐了之后，以后就要一起生活了，雅然没什么东西，明月东西多，于是明月索性二话不说地将东西都摆在了雅然空余的地方。而雅然心知自己确实也没什么可放的，让舍友用了就用了吧。明月心知雅然家境不好，总是一副乡下人的德行，打心眼里不看好她，又得知她成绩十分优秀，不禁内心又有点嫉妒。为了搞好舍友之间的关系，明月给另外两个舍友带了自己在国外买的装饰品，两个舍友都十分喜欢。雅然看到了十分羡慕却只是默默地回到床上蒙上了被子，就当全然不知。

　　明月其实并没有那么坏，她也给雅然准备了，就是想看看她是什么反应，可到最后东西也没有送给对方。

俩人之间就好像似有似无的在进行着心理战。有一天下午的时候雅然身体不舒服就留在了宿舍里休息，正好另外一个舍友 A 下午没课正在宿舍里玩电脑，看到雅然回来了之后瞥了几眼，之后说："雅然呀，你觉得明月这人怎么样啊？"雅然："明月挺好的呀，长得好看学习也好，对待朋友都挺大方的。"舍友 A："那次送我们礼物的时候，她送你了吗？"雅然："额……没有。"舍友 A："我看她啊，巴结我们是想利用我们，看你没什么用，干脆连送都没送了。"雅然："我也没太在意啦，没关系的。"舍友 A："看她那一副狐骚的模样，成天跟男生身边转来转去的，生怕谁不认识她。家里有几个臭钱就了不起了呗，我上回说我特别喜欢某款包包吧，她一副趾高气扬的德行还说这包包连牌子都没有吧。就她这种大小姐才买得起的，我哪高攀的上她啊。"雅然："话也不能这么说吧，明月毕竟从小生活在那个环境当中……"还没等雅然说完，舍友 A 又自顾自地说了起来："就那天，大家几个在一起聚会，隔壁大学有个帅哥也来了，她恨不得贴人家身上去巴结人家，哎呦，可真是恶心死我了。送我个破东西就老让我给她买这买那地跑腿，我估计就连她上这大学都是花钱买的名额吧。"雅然看她也并没有意思等她回话，不过是找个发泄的人罢了，也

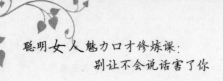

就不再言语了，心里也不禁为明月捏了一把汗。

晚上明月和另外一个舍友都回来了，舍友A还是跟明月一副笑颜如花的聊天，雅然悄然地心惊了一下，心里想下午还那么辱骂呢，到了晚上就又和好如初了，幸好自己没说什么话，要不然再传过去，自己名声倒不好了。明月看了看躺在床上的雅然，踌躇了一下走过去问："雅然，身体还不舒服呀，吃东西了吗？我要出去买饭了给你带回来吧。"雅然更为惊讶了，天啊，没有说过一句话的舍友竟然主动要帮自己带饭。但是内心又觉得实在不好意思就婉言拒绝了。

明月和舍友A一起买饭的路上，舍友A："雅然真是不知好歹，你好意给她带饭，她竟然还不受用。"明月莞尔："其实对于雅然我一直挺不好意思的，最开始我觉得她家里穷，也不曾跟她讲过话，那次送你们东西，我又唯独没送她。可是这些日子相处下来，我觉得雅然是个挺善良的女孩，可能是我今天太莽撞了吧，把她给吓着了。"

第二天，雅然觉得没有那么难受了，上午也没有课就在宿舍里看起书来，宿舍里就一个人显得十分清静，只有雅然一页一页翻书和写字的声音。明月正好下了课进宿舍，看到窗外的光芒照射在雅然的脸上，雅然一副娴静认真的模样，那一刻明月觉得雅然是世上最漂亮的女孩了。明月的进门完全没有打扰到雅然，或是过于专注了根本没有注意到多了一个人进屋。

　　明月偷偷从包里拿出了那迟迟没有送出的礼物，最开始不送是因为舍不得，那是明月在伦敦时买的最喜欢的一条水晶项链，盒子包得极其华丽，自己一直想要留下，但是好像明月已经找到了更适合它的人了。明月："雅然。"雅然停下翻书懵懵地抬头看见了眼前的明月："啊，你好，明月。"明月："这个是我从伦敦买的，当时不是想排挤你不送你的，是我实在太喜欢了，所以才犹豫了很久，现在我想把它送给你，我们可以做朋友吗？"雅然十分惊讶地站了起来："这个，这个太贵重了，我，我不能要的，你留下吧。"明月："不，我觉得我已经找到适合它的人了，你要是不收下，你就是还生我的气对不对？"雅然连忙摇手："我怎么会生你气呢，我没有生你气的，你人这么好。"明月将项链从盒子拿了出来背着手说："那你转过身去闭上眼我就相信。"雅然迷茫地转了身闭着眼，明月悄悄将项链戴在了雅然的脖子上，轻声说："睁眼吧，公主大人。"雅然睁眼看见胸前璀璨的水晶小天鹅一闪一闪的，不禁泪水就涌上了眼眶。明月："我的小祖宗，你怎么哭了，天啊，不要哭不要哭啊。"明月紧紧地抱着雅然。

　　在明月心里都懂，雅然是最值得做朋友的。

　　真诚善解人意的雅然在得到明月的认可之后，俩人一起上课，一起去图书馆，一起去晨跑，一起去吃饭，彼此之间亲密无间无话不谈，也毫不担心对方会将自己的小秘密告诉别人。真正的信任才足以得到真正的友谊，真正的真诚才能获得真正的友情。

　　明月和雅然之间依然会有矛盾，会有不合，甚至会有些小的口角，但是她们好似没有什么解决不了的问题，关系也一直很密切。现在的明月继承了父母的家产，雅然也在一家外企做高管，分别都建立了自己的家庭，但友情仍旧如故。

　　找一个值得信任的人很难，知音难觅怕也是如此了，多一分真诚少一分猜疑，多一分信任多一个朋友。

# 第四章

## 学会尊重才能学会交流

## 用温和的语言征服周围人

我曾经听过一个有意思的脑筋急转弯，用西瓜和苹果打头，哪个更疼？答案是头疼。往深里角度看，大概意思是以硬碰硬结局就是两败俱伤。

我平常喜欢烧水泡泡茶，品茶香，赏茶美，以此陶冶心境。可有一次我就马虎了，烧开了水之后估计是水多了，有些许往外溢，一不注意就滴在了我的手指头上，烫的我立马撒开了手用凉水使劲冲了冲。好在也没有太多，手指头却还是有点丝丝的疼，当时我想热水无情呀。

过年的时候我跟家人去了乡下度假，乡村里的条件不太好，南方的冬天没有暖气，阴冷阴冷的，吃完饭我收拾了碗筷准备洗碗，琢磨了好一会想着就不烧水了，当时就犯了个懒。打算直接就用冷水洗碗吧，我刚拧开水龙头，冰冷的水让我倒吸了一口气，洗完一只碗两只手都冻得通红,僵硬的都麻木了,水冲在手上简直就像在用刀子刮肉,生生地疼。缓了好一会还是又把水烧上了。

我从对于水的认知,太冷了不好,太热了也不好,两个极端都让我感受过了疼痛,有了一个很大的教训,唯有温热柔和的水,摸着亲切又舒服。我从水中,体会到了它的狠戾,也从水中体会过了轻柔。我想在说话和处事当中,这个教训仍然得以运用,不太过暴躁,不太过哀伤,温和的语气,温柔的声音,传播到他人耳中会如清风拂面,温润自然。

倘若跟他人说话毫不尊重,满口污言秽语,指责不断,不但会推开别人,自己也失去了一个朋友,何苦得不偿失呢?真正征服别人的,是自己说得有理,有理却平和,能商量的千万不争吵,能解决好的千万不要先否定他人的能力。

似温水,固长流。

 **聆听当中找到表达的方式**

学而不思则罔,思而不学则殆。有很多丰富的知识来源于他人之口，信息一传十，十传百，接连传递所积累。说话则先从看对方嘴形，听对方声音，自己再模仿，日积月累逐渐地学会了说话。学会了基本的交流，那么表达方式又从何而来呢？有的是从崇拜的人嘴里来的，假如有些妹纸喜欢志玲姐姐那种嗲嗲的音调，自己说话也慢慢地偏向"台湾口音"；有的是从父母而来，父母若是说话大大咧咧的，那么自己也成了这个风格；父母说话文质彬彬的，那么慢慢的说话也带有了一番文艺的风味。从最初开始的表达方式也多为从模仿他人当中缓慢演变的，那么在成长到成年的过程当中，说话的风格和方式就会有一个变化了。接触到了更多的社会知识，人文知识，等等，接收到大脑的信息量越来越多，开始想自己应该怎么说话，有的觉得说话酷一点，有的觉得说话意义不明模糊一点，有的觉得说话要幽默风趣一点，表达方式的不同也是因为看待事物的方向和理解不同。

但从过程当中看表达方式是后天可以变化的，就比如我爷爷，年轻的时候不言不语，很少说话，性格比较内向，退休之后跟周围邻居，去逛公园的时候认识了一群打太极的老年朋友，话不但多了，有的时候甚至还会打趣我几句，印象最深的是，有一次从公园回来之后

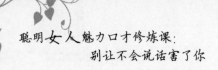

给我表演太极，嘴里还念叨着："一个大西瓜，你一半，我一半……"把我逗得哈哈大笑，这种变化来自我爷爷的心态不同了，年轻的时候兢兢业业，老的时候就逍遥自在了一些，性格跟着就活泼开朗了起来。

既然说话和表达方式大多都是从别人那里所吸取的，这也说明聆听是一件很重要的事，聆听的过程中我们的大脑就像高效的机器在工作，自动判断识别哪些是自己容易接受的，容易接受的信息则记下来，识别不出来的信息则抛在了脑后。这种现象令我感慨最深的大概就是上高数课的时候，各种符号都很难识别。人类真是一种很机智的高级动物，大脑对信息的收纳，或者像胃对食物的吸收，都会有接受不了的，也会有很容易消化掉的。正如每个人都是不同的，所以即使上亿个人，性格都是很难完全相同的。

## 学会表达赞美，学会说"谢谢"

唐玄奘《谢皇太子圣教序述启》："伏维皇太子殿下，发挥睿藻，再述天文，赞美大乘，庄严实相，珠回玉转，霞烂锦舒。"

宋范镇《东斋记事》卷一："是时，王沂公为宰相，吕文靖公、鲁肃简公参知政事，极赞美之。"

中国近代史资料丛刊《太平天国·太平条规》："二要熟识天条赞美朝晚礼拜感谢规矩及所颁行诏谕。"

唐王昌龄《采莲曲二首》："荷叶罗裙一色裁，芙蓉向脸两边开，乱入池中看不见，闻歌始觉有人来。"

古往今来赞美在言语和文章当中都是不可缺少的题材，赞美他人的美，优秀的道德品质，自己欣赏的优点，获得赞美心情的愉悦，赞美他人所得到的好感。现在却把一种赞美简单称为"拍马屁"，我想拍马屁和赞美是完全不同的两种含义，拍马屁对任何人都可以，只要想获得对方的好感，无论对方是否真的有值得赞赏崇敬的优点，都可以随口而出的夸耀。赞美则由心始发，身心当中生成的由衷的羡慕，由衷的佩服。所以它们二者之间还是不同的，即便最终结局都可以得到对方的好感。总没有人会拒绝他人对于自己的夸耀吧，虚荣心自然是人人都会有的。

赞美更是一种向上的品格，懂得发现他人优点的人便可以从他人身上有所学习，赞扬他人的同时可以提高自己的品质，与时俱进共同进步。心之官则思，那么什

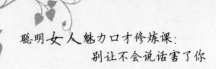

么样的赞美才真正合适并且恰到好处呢？

1921 年，美国钢铁大王卡内基出 100 万美元的超高年薪聘请一位执行长。

众多的报名者中，一个叫夏布的不起眼的年轻人最终被卡内基锁定。许多人表示质疑："为什么偏偏是他？"

卡内基说："因为他最会赞美别人，这是他最值钱的本事，却是你们最缺乏的一种能力。"

后来，夏布成为卡内基最为得力的事业助手之一，得到公司上下一致的认同与尊重。

这正如美国著名企业家玛丽·凯·阿什的那句坦诚之言——

赞美是一种非常有效而且不可思议的推动力量。要成为一个优秀的管理人员，你必须了解赞美别人可以使自己收获成功。

赞美别人在心态上要保持美好和向上，我母亲家有一个邻居老王头，每天都在杞人忧天，好像这世界上没有任何一件值得他高兴赞美的事。

他退休之后每天在家里，有养老金，但总觉得生活无趣，吃东西也挑剔。我跟他说："今天风光正好，旭日晴天，怎么不去公园溜弯，多好呀这天气，不冷不热的。"他就说了："你没看天气预报，外面雾霾可严重了，还是在家待着吧，现在多少人因为雾霾生肺病呀，太可怕了。"

当天晚上我遇见他，正好是晚饭的时间，我问："老王头今天晚上吃什么好吃的呀？大鱼大肉还是山珍海味呀？"他又闷闷不乐的："我都这60了，还吃什么大鱼大肉山珍海味呀，唉，身体不行了，就喝了点棒碴粥。"

过了一阵子我碰见他，看他正在楼底下溜达，走过去攀谈了几句："老王头，精神不错，今天怎么想着出来走走了？现在夏天正当季，花都开的可艳丽漂亮了，怎么不去看看花什么的？"他摇了摇头说："花有什么可看的，开了就得败，也就一时间的美丽，最后也都枯萎啦。"

他把一切可以想的美好的事情，都想着它们的缺点，看不到事物本身的美好，也没有积极向上的心气，我跟他说现在趁着退休了，腿脚还轻便，自己也有养老金去外面玩玩多好。可他总是想不开，他不会夸别人，自己也没有信心，但时不时在跟他说说他孩子们都挺有出息的事，他倒也笑得开心。我想既使如此悲观，不自信的人听到夸赞心里都是美滋滋的。他对我家也很是照顾，凡是过年过节，总会去看望我的父亲母亲，但常会

把人带进他消极负面的情绪里，这世界依然没有什么幸福的事。

赞美他人像是一个调味剂，可以软化双方的关系，解决双方矛盾，让双方关系更加融洽。

我有一次跟我的闺蜜吵架，因为一点小事情吵得不可开交，谁都不肯谦让谁，谁都有自己的一番道理。冷战了两天，她来我家见我，我看见她，之前的怨气又从心底冒出来了，她问我："你是不是就要跟我绝交了啊？"我心想你还怨我，你不是也好几天不理我了吗，我就很气愤地说："我讨厌你！"她哈哈一笑："你讨厌我？我还讨厌你呢！"我说："我本来想讨厌你的，可我看见你的颧骨长得这么好看，我就讨厌不起来了。"听后她一愣，张开了双臂拥抱住我说："有什么大不了的事，咱俩这么吵，真是太幼稚了。"心平气和地把话就说开了，吵架风波也就随之结束了。

##  分贝不要太大 说话不要太狂

有些人说话天生大嗓门，有些人天生说话如蚊子音，有的人声音尖，有的人声音粗。不同的声音条件下，怎么释放声音可以博得他人喜爱呢？

0～20 分贝　很静、几乎感觉不到；

20～40 分贝　安静、犹如轻声絮语；

40～60 分贝　一般、普通室内谈话；

60～70 分贝　吵闹、有损神经；

70～90 分贝　很吵、神经细胞受到破坏；

90～100 分贝　吵闹加剧、听力受损；

100～120 分贝　难以忍受、待一分钟即暂时致聋；

120 分贝以上：全聋。

一般说话大概在 40～60 分贝较为合适，举个例子，婴儿的哭声是可以达到 70 分贝的，有的更甚至可以到 80～85 分贝，过高的分贝会让我们心神焦躁，身体和心里会觉得不适应。说话时，吐字清晰，声音让他人可以听清楚就足够了。

以前街上小贩们的叫卖声清晰明亮，吆喝着不同的话吸引顾客的光顾，是最早的一种广告形式。我小时候在院子里还能听见一个骑自行车的大叔，喊着磨刀卖刀的声音，清脆而明亮还有点声调，听起来甚是悦耳。如今选择用喇叭，喇叭录下来的声音再放出来就没有当初原声发出的那么优美了，听着嘈杂令人烦闷，失去了吆

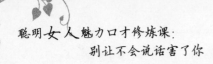

喝声本质的美感。一些说相声的前辈老师也经常讲起吆喝叫卖的段子，好笑又怀念至极。

有些人说话很狂妄，实际一无所有，说话却像是个阔老板，浮夸地评价自己，从古至今这种人都存在着。我想做人一定严于律己，低调含蓄，脚踏实地做事，顶天立地做人。

齐国有两个人，一个住在城东，另一个住在城西。有一天，两人在路上相遇。"壮士！敢不敢喝点？""有何不敢！"喝！喝高了。"有酒喝，难道就没肉吗？""你是肉，我也是肉，怎么就说没肉！？"抽刀互砍，割肉下酒。最终两人因失血过多而死。（《吕氏春秋·当务》）

某年七月七日中午，太阳高照。郝隆袒胸露乳在街上仰卧。有人问你露着个肚脐眼儿干啥呢。答曰："我晒书！"盖自谓满腹经纶。

以上两个故事看起来不禁让人啼笑皆非，吹牛皮讲大话，漫无边际。

保持合适的分贝、低调的心态，再好不过了。曾有句话说，命是弱者借口，运是强者谦辞。无论以什么样的社会地位所生存，我想彬彬有礼、自谦自强都是可以提升气质的法宝。那些天生大嗓门的人，更温柔一点也是个不错的选择，每个人都有异于他人，正是由于不同我们才渴望去了解他人，正是由于不同我们也才聚集在了一起，剖析彼此的心情，扶持彼此，创建友谊的桥梁。分清场合，适度即可。

## 越爱的人说话越要尊重

在一起久了，多多少少都会有些矛盾，然而千万不能丢掉的就是尊重。

有一件事发生在我的朋友身上，朋友的舅舅和舅妈都已经退休了，家里有个儿子已经成家立业，在外面买了房子和自己的媳妇孩子住。老两口在家，每天都无所事事，原来的时候按时按点上下班，回来女方做饭，男方洗碗，几十年来都是这样的规律。退休之后感觉生活大变，一切都跟原来的那些习惯不一样了。

朋友的舅舅是个军事模型迷，对于坦克枪支飞机大炮之类的极其感兴趣，听说从小就很喜欢，现在老了买一些模型自己拼接，一方面打发时间，另一方面也充实了乏味的生活。可朋友的舅妈就不乐意了，舅妈性格活泼好动，自从去了公园结交了一帮老伙伴，一起跳跳广

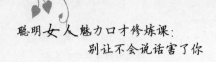

场舞，打打太极，踢踢毽子，晚上的时候还有一个老年的小乐队，结伴一起唱唱红歌。

舅妈看着舅舅成天在家里一坐，戴着个老花镜专注于手上的模型飞机，想了想自己在公园结识的伙伴们，有的老两口在一起跳交际舞，十分羡慕，想着自己的老伴也能陪着自己出去跳舞。正好赶上了个交际舞比赛，期待着要是自己的老伴陪着自己一起出去跳舞多好，每天在屋里面坐着一点运动量没有，正好还可以锻炼锻炼身体，呼吸一下新鲜空气。

可舅妈发表意见的时候没有挑对时机，正是在舅舅懊恼某个零件不知道安在什么地方上的时候，镊子夹着零件，舅舅已经思考了两个小时了，感觉放在哪里好像都不太对，但也不应该多出来一个零件，肯定是哪里弄错了。舅妈就在旁边说了："老公呀，我们有个交际舞比赛，你跟不跟我一块去呀，你每天坐在这里弄你的破飞机，多没意思啊。"舅舅气恼地说："你懂什么，没时间跳舞，那有什么意义，一堆老年人聚集在一起瞎蹦。"舅妈："你怎么说话呢，既可以锻炼身体，还能培养感情，我看人家老两口一起跳舞的都挺开心的。"舅舅："开心你找他们去，别来烦我行不行。"舅妈："你个老不死的，我看你是三天不打上房揭瓦。"舅舅："去去去，哪凉快哪待着去，别来烦我。"

这一场谈判就不欢而散了，舅妈无法理解那些模型有多重要，年纪大了，身体才是革命的本钱，应该多锻炼身体。舅舅也无法理解跳舞有什么意义，感觉就是在浪费时间，而自己做的才是真正有价值的事情。各持己见，分歧产生了，矛盾就开始越来越强烈。舅舅看电视了，舅妈看着不顺眼就数落："电视有什么可看的，一天天不干正事。"舅舅洗碗了，舅妈还是看着不顺眼："这洗干净了吗？马马虎虎的什么都干不好！"

这样大概一个礼拜，舅舅终于发飙了："你是不是看我干什么都不顺眼，就你跳的那破舞才算是有意义的？你就不能尊重一点别人的兴趣爱好吗？"舅妈也怒了："什么叫破舞，我那叫锻炼身体，谁像你成天往那一坐，旁若无人的。"朋友有次去看望他舅舅舅妈，炎热的夏季，一进门仿若一股寒气袭来，就看舅舅和舅妈谁都不看谁，好似透明人一样，各干各的，互不干预。舅妈拉他去屋里诉了一顿苦，舅舅又把他拉了过去说了一肚子委屈，朋友是个明事理的人，两边都劝慰一番，跟舅妈说："您有您的喜好，他也有他的爱好呀，您又不是不知道他从小就喜欢这些，好不容易退休有时间了，您得尊重一下舅舅嘛。"跟舅舅说："您又不是不知

道舅妈活泼好动，您也别老成天坐在屋里头弄这些，适当的出去运动运动，顺便休息休息眼睛，也陪陪舅妈，回来再慢慢弄呗。"

　　幸而他舅舅和舅妈还是听他的话的，互相尊重彼此的爱好，现在舅舅偶尔也会陪舅妈出去逛逛公园，跳跳交际舞。舅舅在家摆弄模型的时候，舅妈也贴心地送上一杯热茶，累了给他揉揉肩膀，生活无比幸福美满。

　　自尊自爱，更多的尊重他人，或许别人的某一点让人真的无法理解，倘若没什么坏处，为何不宽容一点呢？舅舅和舅妈两口子过日子都几十年了，什么样的风雨没经历过，又何必因为这一点小事闹别扭呢？多一些尊重理解，多一些宽容，不但可以使矛盾化解，更能提升感情，何乐而不为呢？

# 第五章

## 保持自信，说话得体

## 需要说话的时候别让话溜走

我上学的时候，性格比较内敛，老师上课问："这道题都理解了吗？还有什么想问的？"明明心里还有疑惑没有解开，往周围一张望发现大家好像都理解了的样子，也就不好再问，对这道题依然有所疑惑，然而就这么过去了。到了考试的时候发现该题的原型，当初学的时候就没有完全理解，到了写的时候可就"栽了"。一头雾水，完全不知道从哪个角度思考这个问题了，一脸茫然无措。到了老师讲评的时候，老师就说："这道题我在课上都讲过了，不是说都没有问题了吗？怎么错了这么多人啊。"这时候发现，原来并不是所有人都理解了，而是当时想问的时候都憋了回去，结果到了关键时刻还是不会做。

工作的时候偶尔也会如此，我有个同事是程序员、另一个同事跟他交接工作，分配他做什么的时候，他就嗯嗯啊啊地全部答应了，到了上交工作的时候，那同事就说他做的完全不是当初说好的样子，这时那个同事才说，当初他说得太快了没有完全听清。那个同事很恼怒他："你没听清楚，那你怎么不问呢？"大概话都到嘴边了，一下又给咽回去了吧。

在想说却没说出来的时候，通常是没自信的表现，没有敢于说出来，又觉得不好再说出来，可是这样往往都很耽误事情，老师常说，不会就问，纵然总是强调这句话，可有些同学依然想问却不问。明明有疑惑有问题，却觉得能靠自己的小聪明能应付过去，不自信去询问，最后不但自己的成果不行，还耽误了别人的工作。

培养自信是一件很重要的事，有些人走路挺胸抬头往前看，有些人走路一直低头往下看，有些人想说什么支支吾吾说不出来，有些人想什么说什么雷厉风行。如何能培养自信心呢？第一多发现自己的优点，学会欣赏自己，赞美自己。总是考虑那些失败和缺点，会磨灭自己的勇气，也磨灭了自己的价值。想想那些成功的事情，比如，学会了游泳，学会了骑自行车，学会了做饭，等等，多想想这些可以让自己骄傲的成就。第二，所处环境不要太过悲观，来自周围人给予的负能量过多也会感染到自己的心灵，想不到积极的，完全被消极所笼罩着，自然就无法得到自信。多和优秀的人接触，和有自信的人聊天，注意不把负面情绪带给别人，多了一些向上的话题，久而久之自己也就会获得自信。所谓近朱者赤近墨者黑，人以群分，让环境来助长自信心。第三，来自于他人和自己对自己的夸奖，之前所说的赞美产生美，无形当中产生的积极心理暗示，也会提高自信心，更能发现自己的优点，更能做好所想的事情。第四，外表要自信，干净利落，整洁大方，不要再过多关注自己本来的模样，从衣着整体上保持住洁净的模样，头发梳得利落一点，不邋遢不脏，精精神神的，获得自信。第五，做好充分的准备，在做某件事之前做好准备，如果演讲就在演讲前准备好演讲内容，如果考试就在考试前做好复习，如果工作就整理好清晰的思路，做的时候按部就班的。还有很多可以树立自信的方法，这几种是我认为较为有用的。

树立自信，更加踊跃的发言，一方面增加了效率，提升了自己，另一方面也可以博得他人的嘉奖和赞赏。自信就会越多的累积下来，自信不是自满，不是自我膨胀，适当的谦虚可以平复太过自信的心情。

别让话到嘴边咽回去，把它们说出来，试着一次说

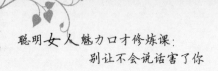

出来，第二次就会更加得顺当，逼自己把想说的话说出来，逐渐就不会再怯场，不会再害怕了。

 **直视面对讨厌的话题**

有很多人被称为不会聊天，前几日在网上有一个很火的话题，女生在说自己身体不舒服的时候，男生千万不要说"多喝点热水"。大部分女生都很讨厌看到这句话，原因不过是没有得到自己想要得到的答案，所以称之为不会聊天。

与他人攀谈的时候，若是不熟悉的陌生人，则很难找到共同感兴趣的话题，东拉一句西扯一句，偶尔就会碰上让自己讨厌的话题，或者是不知道要怎么接话的情况产生。假如对方是个酷爱看恐怖惊悚片的人，而自己对这种片子非常恐惧害怕，平常根本连瞄都不敢瞄的人，当聊起这个话题来，一方兴致盎然，另一方胆战心惊。这个时候就要采取一定的方式方法，去跨过这个让自己不舒服的话题了，比如，聊聊其他的，如果话题怎么也转不到其他方面上，对方侃侃而谈，不如就让他说完吧，自己只好左耳进右耳出，或者直言相告，自己对这个话题不是很感兴趣，我想对方都会有些觉悟的。怎么避免自己说的话题是对方不感兴趣的呢？为了避免这种尴尬产生，多留意他的神情和说话的态度，还有应答的言辞，多多少少就可以看得出来了。

要说不会聊天，想起朋友曾经讲过的一个故事，讲的是两个人初次相识的故事。张欣在某个社交场所当中，结识了王强，王强在看到张欣时有种一见钟情的感觉，就千方百计地去搭话。可是张欣本来性格就比较内敛，加上不太会聊天，在生活当中也没有什么朋友，看到王强来跟自己搭讪，自然心情很是愉悦。王强：“张小姐，您平常都喜欢做什么呀？”张欣：“什么都做，没有什么特别喜欢的。”王强：“额，我平常比较喜欢运动，篮球、羽毛球都是我的强项，经常去健身房锻炼肌肉。”张欣：“哦，那还挺好的。”王强：“张小姐你喜欢运动吗？”张欣：“还行吧。”王强：“张小姐喜欢看书看电影吗？最近新出的电影《捉妖记》，您看了吗？”张欣：“我平常也不怎么看电影，听说《捉妖记》还可以，也没有多关注。”王强：“那张小姐如果有空，不如我们下个周末去看吧，好吗？”张欣：“好啊，你请客？”王强：“我们 AA 制吧。”张欣：“哦，

下周末我有点事就不去了。"王强："哦，好吧，那再见。"

后来两人也没有再联系过，对方引起话题的时候，张欣的反应貌似平淡其实跃跃欲试，然而表面冷淡表现出不感兴趣，最后又因为觉得对方应该请客却提出了AA制而心生反感，使这段搭讪也以失败告终。王强前面很好地引起了话题，可以带动起来，到了最后提到钱又心生犹豫，只好灰头土脸地结束了这场还没开始就结束的友谊，想必俩人可能都没有十足的把握和准备去面临以后的事情。

上面的故事让我觉得观念是个很重要的事情，如果双方的价值观不同，那么很难在一块儿，如果双方的人生观不同，也很难有共同的话题去畅谈。但是在这种社交场合上，彼此是自由的，没有任何关系和长小之间的地位不等，所以可以自主地选择是否继续与对方交谈或者结束这段谈话。而很多时候，有些话题由于不能不听所以忍着去听的时候，却又没法搭话。例如，30岁没找对象，家人周围人的催促，例如，大学毕业了还没找工作，周围人的指责追问。

遇到这些无法面对的来自长辈提出的话题，最好的方法，一个是视而不见，另一个是虚心受教，等他人把话说痛快了，忍也就忍了过去，毕竟出于尊重也实在无可奈何，不得去犟嘴，道理能说通自然是好，如果掌握不好尺度，一言不发更是一种好办法。

## 克服怯场，演讲不乱

进入教育的场所之后，老师们为培养孩子的语言表达能力，总会组织一些班级的小活动，让大家自己在台上讲一讲。我记得小学的时候，组织过这么一次演讲活动，那时我是班里的班长，要起带头作用，可是我毕竟也是第一次，看着班里 30 几个小人头，眨巴着眼睛望着台上的我，不禁有点冒冷汗。可是看看老师笑得一脸和蔼，看着我的眼神坚定信任，那一刻是老师的眼神把我哄骗住了，我竟然觉得，我是可以的，绝对没问题的。

我讲的是希腊神话故事，具体讲的是什么内容已经记不清了，大概宙斯、赫拉、雅典娜等都讲了一遍，等我讲完之后，台下响起了雷鸣般的掌声，我备感自豪地走下了台，回到了自己的座位上。兴许是开了一个好头，在我以后的每次演讲，固然也会害怕，但在台上就一副斗志昂扬精神焕发的模样，敢讲也敢看着大家。至此我都感谢当初小学的时候，老师给我的眼神和同学们对我认真期待的模样。

可我另一位同学就不一样了，她在要上场的时候号啕大哭，说什么也不肯上台去，我告诉她不可怕的，没关系的，讲完就完了，大家不会笑你的。她咬着嘴就是不肯上台，眼泪哗哗地流成一条小河，老师实在没法只得不让她上去演讲，这才平息了她的哭声。在这事之后，老师问她当时准备的演讲内容是什么？她支支吾吾的一句话都说不出来，老师才明白，原来害怕是因为没有准备好内容。她的怯场是因为没有自信，不知道自己要讲什么，才急得哭泣。

怯场这种情况实际十分普遍，我曾查阅资料，大多数人在公众面前做重要的事情之前都会有焦虑的倾向，演员表演前紧张，音乐家演奏前紧张，运动员在重大比赛前也会紧张，有调查显示76%的演讲者上台前都会怯场。

在紧张情绪状态下，人的大脑皮层中形成了优势兴奋中心，从而使保持记忆中枢的内容处于被抑制状态，具体表现是回忆不起熟悉的知识。这也就是所谓的紧张地忘词。抵制怯场由他人逼迫可能使心理压力越来越大，最重要的是自我调节。

每个人在最开始演讲时都会怯场，我想这种能力在小时候确实是好培养的，毕竟初生牛犊不怕虎，敢闯敢说童言无忌。反倒是长大了，上台觉得害怕了，这是为什么呢？第一，压力太大了，由于压力太大导致的紧张，这种情况十分糟糕，给自己太大的负重，更容易什么话都说不出来。第二，事前没有准备好，没有准备十足的内容当然害怕了，仿佛上阵忘了带枪一般恐惧。演讲前一定要对话稿内容做充分的准备，害怕可以抵制，但是内容不充分真的是很难临场发挥的。第三，没有自信，可能看了前一个人的精彩演讲，自己好似感觉比不过人家的差异感，明明自己可以更加优秀，却先被人灭了威风，这时候需要一定的自我鼓励，或者来自周围人的加油。第四，害怕失败，如果事情在还没有开始完成的时候，就已经给了自己一个消极的结果，那么又有什么勇气继续往前呢？

解决以上四个方面之后，多参加几次演讲，不怕失败也不怕错误，磨炼几次就有心得了，一切对经验的累积和分析，对以后的成功都是稳固的根基。

## 自信不是傲，说话不能躁

　　这里我要申明一点，自信的方法当中有对自己鼓励、让自己自满的方法，但是千万别过于"自信"，那就不叫自信而叫自傲了。自傲是一种我不欣赏的品质，我曾遇到过一个自傲的人。

　　在一个风和日丽的下午，我和几个同事在一起讨论一本外国文学小说，讨论到故事当中所描述的家族关系的时候有某处不懂，这时来了另一个同事加入到我们的谈话之中，问我们在聊什么，我们说在聊一本最近很火的书，她说："哦，那个，我知道，写得还凑合吧。"我们知道她平常就爱说大话，无法辨别是真看过还是假看过，想到刚刚那个问题便问了她，她则回答："我看的时间太久了，不太记得了。"某个同事打趣道说："哎，你看的是哪个出版社翻译的呀？我这个感觉翻译的不太好。"她转了转眼睛，支支吾吾说："我也不记得是哪个出版社了。"那同事低头悄悄地乐了，另外一人问："这书我还没看过呢，是谁写的呀？"可她哪回答的上来，她根本就没有看过这本书，只能摆手道："忘啦忘啦，反正挺有名的，我看的书太多了一时间也想不起来了。"
我们也不再难为她，她看跟我们聊不到一起，就闷闷不
乐地走开了。

我想她是抱着想加入我们聊天的想法所以才过来这
么说的，却自夸自满了一番又碰了一鼻子灰，如果她可
以用实事求是，虚心求教的态度来融入我们，我们又何
必为难于她呢。

说到这里就想到了另一个人，那个人是不自傲，
但是他特别贫，话很多，是那种上了公交车都可以跟
售票师傅聊山聊水的人，他也碰过一次壁。他想面试
一个编辑的工作，递交了简历之后得到对方公司的允
许参加了面试，他凭着能说会道的技能，很顺利的入
了职。他所在的房间里，静的只有翻阅纸张的声音，
一天下来除了午休时间没有一点说话的声音，就连手
机都是震动的，打电话则出门去接。每个人按部就班
地做着自己的工作，他去了当然按捺不住，受不了这
清静的氛围，他戴耳机开始听歌，听歌总是到情不自
禁之处，自己就开始哼哼起来。刚开始看了看周围，
大家好像都没什么反应，于是各种曲风的哼哼声音都
可以在一个万籁俱寂的工作室当中听到，声源全部来
自于这个新来的编辑嘴里。

没多久他就被同事投诉到了领导那里，说无法安心工作，他太吵闹了，平常跟他说话，也觉得他甚是聒噪，嘴巴如同机关枪怎么都停不住。其实他本身也受不了这种安静的环境，于是在被老板警告后没多久就主动提出了辞呈。不是所有人都喜欢话多的人，恰到好处适当收敛，是最必要的一个环节。像故事当中的他深知自己的脾性，仿佛也不太可能再改变了，不如放弃这个不适合自己的环境重新寻找一方属于自己的乐土。有人听他说话把那些话当悦耳的黄鹂叫，有的人就会把这些话当作乌鸦的哇哇喊。机遇和选择近在眼前，像是两条不同的灯绳，体会过，就知道哪里更适合自己了。

## 谦虚谨慎 不自吹自擂

前几日刷微博看到这样一句话，勿聒噪乱试听，翻译成白文意思大概是不要多说话。有的人话多善于表达，有的人评价为此人健谈，有的人则会评价为此人太贫了。人无完人，也不能绝对获得所有人的认可和同意，既然如此就坚持自己本心就可以了。但是说话的语气过于轻佻，是会造成严重后果的。

三国时期曹操身边有个不知天高地厚的发小叫作许攸，由于过分的自满轻视曹操，最后落了个被刺死的结局。建安九年（204 年），曹操攻破邺城，占领冀州，许攸立有功劳，但许攸自恃功高，屡次轻慢曹操，每次出席，不分场合，直呼曹操小名，说："阿瞒，没有我，你得不得冀州。"曹操表面上虽嬉笑，说："你说得对啊。"但心里颇有芥蒂。一次，许攸出邺城东门，对左右说："这家人没有我，进不得此门。"有人向曹操告发，于是许攸被收押，最终被杀。荀彧曾评价说："许攸贪而无治。"罗贯中："堪笑南阳一许攸，欲凭胸次傲王侯。不思曹操如熊虎，犹道吾才得冀州。"许攸本身立了功劳，最后却死在了自己的一张嘴上。他轻视曹军，许褚怒发冲冠将其杀死，曹操虽责怪许褚，却并未有什么实际的严惩，下令厚葬了许攸。许攸自认与曹操关系好，不分轻重，也太过于信任自己的友谊坚不可摧，充分体现了说话自夸自傲，给自己带来的恶果是后患无穷的。

另外在三国时期还有一位智者，却由于太有智慧，太无防备地说话，给自己带来了可怕的后果。

原来杨修倚仗自己的才能而对自己的行为不加约束，屡次犯了曹操的大忌。有一次，曹操造了一所花

园。造成时，曹操前去观看，没有夸奖和批评，就叫人取了一支笔在花园门上写了一个"活"字便走了。大家都不了解其中的含义。杨修对工匠们说，"门"添活字，就是"阔"字，丞相嫌你们把花园门造得太大了。于是重新建造园门。完工后再请曹操去观看。曹操很喜欢，问道："是谁知道了我的意思？"下人回答："是杨修！"曹操虽表面上称好，而心底却很嫉妒。

　　还有一次，塞北进贡给曹操一盒酥。曹操在盒上写了"一合酥"三个字放在案头。杨修见到了，竟然取勺子和大家将酥吃完了。曹操问其原因，杨修回答说："盒上明明写着'一人一口酥'，怎么敢违背丞相的命令呢？"曹操虽然笑，而心里却厌恶杨修。

　　曹操害怕有人暗自谋害自己，常吩咐侍卫们说："我梦中好杀人，凡是我睡着的时候，你们切勿靠近我！"有一天晚上曹操在帐中睡觉，被子落到了地上，近侍慌忙取被为他覆盖。曹操立即跳起来拔剑把他杀了，然后继续上床睡觉。半夜起来的时候，曹操假装吃惊地问："是谁杀了我的侍卫？"大家都以实相告。曹操痛哭，命人厚葬近侍。人们都以为曹操果真是在梦中杀人，唯有杨修知道了他的意图，下葬时叹惜的说："不是丞相在梦中，是你在梦中呀！"曹操听到后更加厌恶杨修。

曹操的三儿子曹植，爱慕杨修的才华，经常邀请杨修谈论，终夜不休息。曹操与众人商议，想要立曹植为世子。曹丕知道这件事情后，秘密地邀请朝歌的长官吴质到他家里商议，因为怕有人觉察到，于是把吴质藏在大簏子中，只对外说里面是绢匹，运到曹丕府中。杨修知道这件事情后，直接来告诉曹操。曹操派人到曹丕的府门口观察。曹丕知道后惊慌地告诉吴质。吴质说："不要担心，明天再用大簏子装上绢匹，还运进府中来迷惑他们。"曹丕按照吴质的话，又用大簏子载了一些绢运进府中。曹操的使者搜查簏子中，果然是绢匹，就回报曹操，曹操因此怀疑杨修诬陷曹丕，更加讨厌杨修。

曹操想要试试曹丕和曹植的才华。一天，命令他们各出邺城的城门；却私下里让人吩咐看守大门的士兵，不准他们放行。曹丕先到，看大门的士兵阻拦他出去，曹丕只得退走。曹植听说后，向杨修请教。杨修说："你奉王命出城，如果有阻拦的，就把他们斩首就行。"曹植听信了他的话，等到了城门，士兵阻拦住他，曹植大声叱骂他说："我奉王命出门，看谁敢阻挡！"随即就斩了拦他的士兵。于是曹操认为曹植有才能。后来有人告诉曹操说："这是杨修教他这么干的。"曹操大怒，因此也不再喜欢曹植了。

杨修又教曹植十多条怎么回答得好，只要曹操问他问题，曹植就依照杨修教他的回答。曹操问曹植军国大事，曹植对答如流。曹操心中非常疑惑。后来曹丕暗地里买通了曹植府中下人，偷着来告诉曹操。曹操见了大怒说："匹夫居然敢来欺骗我！"那时就有了杀杨修的心思，直到后来借惑乱军心的罪名杀了他。杨修死时才三十四岁。

杨修是有大智慧的人，却死在了太过显摆，也因当时政治的原因，被曹操嫉妒，最后不得善终。

世事难料，也很难周全完美，有志或有智者在说话中应当斟酌多一些，难免被埋没。

## 不同场合说不同的话

曾有句话讲，见人说人话，见鬼说鬼话，分不同的场合，分不同的人。小时候没有戒心，对谁都一样，那时候大人会夸，天真无邪，纯真可爱。长大了，对别人没有戒心，就会被说蠢。

记得上了学之后，班里总有几个特别的孩子得到老师宠爱，甚至有几个学习不好的，老师也颇为照顾，而有几个安分守己虽不太优秀也不平庸的中等生，却从未受到过老师的青睐。那时候我就想，老师为什么对待这几个学生就会与其他同学不一样呢？学习好的学生，老师格外重视我可以理解，那么那些学习没那么好的，甚至可以说是差的，又为什么会让老师爱而不能，恨而不得呢？之后在摸索当中，我发现了一个规律。那些成绩不太好的学生，会"拍马屁"。他们会在老师需要帮忙的时候，热心地伸出双手，会在上课的时候积极活跃气氛，幽默并且活泼，就只是单单的成绩不太好，品质却十分优秀。苦的是老师虽有意想提拔这些学生，但他们却像扶不起的阿斗，让老师无可奈何。

记得曾经有个同学和老师置气，老师问："你现在不好好学习，你以后能找到什么工作，顶多就是给人接电话的。"同学说："我要是去接电话了，您以后充值话费不就不用愁了嘛！"老师打趣道："那你给我充多少呀？"同学咧嘴一笑说："充满！"班内哄堂大笑，连老师都把刚刚生的气消掉了。只得摇头无奈地说："你啊你啊，要是把你的小聪明都用在学习上该多好呀。"

还有一次是高考，班主任是位亲切的女老师，老师在最后激励大家的时候喊："我们的目标是什么？"同学

们齐刷刷地喊道："没有蛀牙！"要说起老师和学生之间的交流沟通，我想是在毕业之前最为幸福的一段时光。那个时候我们没有去真正去思考未来要做什么，只是听从着父母的话，好好学习，将来才能出人头地。老师曾说过一句话让我现在深有感触，她说："我当老师的原因，是因为我特别喜欢和孩子们在一起，没有那些成年人的尔虞我诈，有的只是孩子的纯真，还有一些装作很成熟的模样。我希望你们将来顶天立地，但我更希望你们不要失去本我。"现在我也会把勿忘初心挂在嘴边，说起简单做起难，就在不同的大环境下，进入到了不同的圈子都会被各个地方所感染。可又由于长大，在社会当中闯荡的时候，不禁因为自己说错了几句话，让领导反感了。

我记得在我某个工作当中，那天由于肠胃炎引起的发烧，身体很不舒服，于是跟上级打了电话请假，只是因为习惯没有把"你"说成"您"，隔天病好一些再去单位的时候就被责怪了。当时管我的一个小班长悄悄跟我说，说我说话的态度不好，我却很纳闷为什么呢？我没有用强硬的语气，态度也极力做到客气，我不懂是哪里做得不好了，竟然得了个态度不好的评价。那时候我疑惑为什么因为这么芝麻大点的小事就要针对自己，我生病不舒服请了个假，为什么也没有一丝的同情呢？后来我懂得，不要去渴求别人的同情，他人的关心是因为他人心地善良，他人如果不关心也完全没有错误。只是那时候我总以为进到社会还会像在上学跟同班同学似的那么亲近。后来我开始选择性说话，面对不同的人说话的方式都稍有改变，有些话不能说得太透彻，有些话不用说得太明白。不是跟谁都可以掏心掏肺，也不是跟谁都需要遮遮掩掩。

最开始我想这并不是个好兆头，我失去了我原先所拥有的纯真，多长了一个不知是对还是错的心眼，对于我自己是有益无害的，对待其他人也没有太大影响，大概可以称为并不是坏处吧。我已经不再纠结纯真是否真的那么重要了，好像是给自己了一个保护罩，可以防御一些外来的敌意和伤害，我不敢说这层保护罩是否是源于人与人之间不该存在完全的信任，这种情况是否就算是可怜。选择给自己一个保护罩并没有不好，就好比晒太阳的时候要抹防晒霜，旱鸭子下水时带上的游泳圈，近视眼或者远视眼戴上的厚镜片。这些可以辅助我们获得更好的生活，辅助我们可以更加容易地融入世界。

物竞天择，适者生存，就是这个道理吧，我没有办法也无力去改变任何一个人，能改变的只有自己，成功就是不断地改进自己，不仅为改变，更多吸取教训获得进步，一天进一小步，一年也可以飞升一个很大的阶段了。把眼光放长远，让视野更广阔，多鼓励鼓励自己，多学习学习生活。撇弃懒惰，撇弃无奈，得以让自己更加完善，不说完美，我想这就最好不过的了。

 ## 适宜话量，会说不是贫

说到"贫"，我自认为我是个话很多的人，其实我并不认为说很多话是什么好处，像我就比较藏不住自己的秘密，有什么心事都愿意跟朋友交流。我开心了，我分享我的快乐，我难过了，也分享我的悲伤，甚至我无聊了，都会跟朋友分享这份闲。在我心底我很感激我的朋友，至此都没有狠心抛弃这样的我。

我不赞同话多就是掌握了说话的技巧，话说的多的人就是会说话的人，在我生活中像我一样"贫"的也有几个人。任华是我小时候上英语辅导班时遇到的，那时候我刚入辅导班，当着班里所有人简单做了个自我介绍，挑了个角落坐了下来，周围全都是不认识的人，我有些不敢说话。课是全天的，上午四节，下午两节，中午有一个小时的午休时间。第一节课，我认真看着老师的板书，记着笔记。下课之后的十分钟显得格外难熬，我想找人说说话，看到周围人都是几个人几个人在一起聊天的，好像又不是很好融入进去，只得闷闷地坐在椅子上，翻来覆去看手里的笔记，眼睛虽说盯着，脑子已经不知飞到哪了。

第二节课的铃声叮铃铃地响了起来，人家上课都在感叹休息时间怎么这么短暂，这么快就上课了，我竟觉得松了一口气，可算上课了。开头我说过我是个话挺多的人，性格算是活泼，有个缺点就是慢热，我并不会到了一个环境就迅速地适应了，还没有掌握如此强大的能力。只能等时间一天天累积下来，兴许我就可以慢慢适应了。第二节课与第一节课没什么太大区别，45 分钟的时间感觉转瞬即逝，就又到了无聊的下课休息时间，这时候任华就过来找我说话了。任华："你好呀新生，我叫任华，交个朋友呗？"我有点羞涩，不太敢看他，微笑地说了句："你好，任华，我们是朋友了。"我说完这句话之后，他仿佛是得到了认同，就开始铺天盖地的说，先是说哪个女老师长的好看，哪个男老师英俊帅气，哪个老师特别严厉，哪个老师留的作业特别多。打

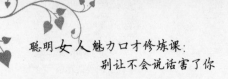

开了他的话篓子一发不可收拾，足足十分钟，我想我除了句"你好，任华，我们是朋友了"之后什么话都没有给我插嘴的权利，蒙面一大堆信息量铺天盖地的向我袭来。末了，他嘴里还嘀咕了句："怎么这么快就上课了，我还没说完呢。"还不忘回头叮嘱我："下课继续啊！"

上课了之后，坐我旁边的女生可能听到任华跟我说的话，转头戳戳我说："新生，你可碰见咱班最能说的啦，不过他性格很好的，很容易相处的，我叫闫娜，多多指教呦！"我笑笑说："嗯嗯，多多指教。"下课了之后我在班里也有了自己的小团体，任华和闫娜都成了我的好朋友，我们下课聚在一起聊天，午休聚在一起吃饭玩耍。闫娜有回私下跟我说："班里的同学都不是很喜欢任华，他话太多了，他们嫌他烦，但是任华也没啥坏话，所以大家还都能接受，要说称为朋友的话，也就咱俩啦。"突然莫名感觉心生一种悲凉感，我不理解为什么如此健谈活泼的人竟然没什么朋友，竟然会让人觉得烦。

时间久了我就理解他们当初为什么那样想了，他的话大多不在乎别人在做什么，不在乎别人的心情是什么，不在乎别人是否愿意听他讲，只是一股脑地说。他不懂得察言观色，只是一味地表达自我。出于朋友，我便礼貌性的暗示过他几次，他领悟能力还是很强的，开始学着去关注别人的心情，这幸好并没有妨碍到让他不敢说的地步。

随着时间的推移，年龄也越来越大，他的能说会道在工作上给了他很大帮助，他已经彻底地领悟到察言观色的精髓所在。我们再相遇的时候，他还是和初识一样，什么话都跟我说，什么样的心事都与我透露，我想他是真心实意完全信任我的，这份友谊格外值得珍惜，有时我觉得温暖，更甚有时热得滚烫。如果在你身边有一个直言直语的朋友，如果你也正好像我一样有些烦他，可友谊是真的，宽容一些又有何不可？

 ## 适合演讲的讲演

演讲有四大种，照读式、背诵式、提纲式、即兴式。在演讲内容上可引起观众呼声较高的，在时间累积下，已有了一些规定的模式，比如，内容多有一些与众不同的赐予，例如，网络热词、名言警句、古诗词，等等。多用一些修饰词，排比句和循环句更是必不可少的。最重要的逻辑清晰，观点明确，可使用首尾呼应等方式，突出想表达的重点。

演讲内容也有一个大的角度，关于社会的，关于经济的，关于科学的，关于自己的，等等。为让演讲更加整体全面，情感的抒发和事例选择都需要谨慎考虑，一个完整并且优秀的演讲稿是在无数次可以说服他人的道理积攒下来的。作为一门语言的艺术，演讲可以引起观众的共鸣声，调动观众的情绪与之呼应。

"没人帮我推车，或是掘沟，也没人给我任何最好的地位！难道我不是个女性吗？看着我！看着我的手臂！我一直在耕作收割，男人都不能超过我！难道我不是个女性吗？我可以做的和男人一样多，也可以吃的和男人一样多，而我也同样能经受住鞭子！难道我不是女性吗？我生了 13 个孩子，也眼看大多数被卖做奴隶，当我为我母亲去世而哭泣时，除了上帝没有人注意到！难道我不是个女性吗？"

这段演讲的作者名字叫索琼那·特鲁斯，她是一位女性黑人奴隶，在纽约州奴隶制废除后被解放，她就成为了一位知名的废奴主义者，这篇演讲是她在俄亥俄州妇女权利大会上发表的，1872 年，她试图参加总统大选投票时，却被投票场地驱逐。她不断地反问"难道

我不是女性吗"？强烈地引起了群众的共鸣，感受到了
她的痛苦、无奈、悲伤和绝望，激起女性群众对她的同
情。可当时政治的缘故最终还是没有获得真正的尊重，
也是令人所惋惜的。

"朋友们，今天我要对你们说，尽管眼下困难重重，
但我依然怀有一个梦。这个梦深深植根于美国梦之中。
我梦想有一天，这个国家将会奋起，实现其立国信条的
真谛：'我们认为这些真理不言而喻：人人生而平等。'
我梦想有一天，在佐治亚州的红色山冈上，昔日奴隶的
儿子能够同昔日奴隶主的儿子同席而坐，亲如手足。"

在华盛顿的"工作与自由"游行到达林肯纪念堂时，
马丁·路德·金发表了这篇演说。这篇演讲被认为是黑
人维权斗争的转折点。演讲中的著名部分（"我梦想有
一天"）并不是事先写好的，是即兴说出的。

以上两篇为最著名的十大演讲稿当中的精选，由此
我们可以看到的是演讲散发的光芒和魅力，在阅读他们
的演讲稿时，不经意间就引起了情绪的波动，黑人奴隶
的反抗和无奈，让人心酸的同时更对当时政治的反感。
能鼓舞人心的演讲就是一篇好的演讲，这些都是过去的
人。现在也有很优秀的演讲者，例如柴静，她描述处在
雾霾生活的现境，用了大量的证据来讨论雾霾对人类身

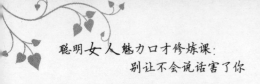

体的危害有多严重，我们应该做的是什么，呼吁环保。日复一日的雾霾，已经干扰到了我们日常的生活，直到柴静站出来把这个话题说出来，我们仿佛才真正意识到雾霾的严重性，环保的重要性。

每段演讲的内容观点一定要保持清晰明确，剩下的便是将不同的论据材料整理在一起，再通过思考进行排版顺序，剔除坏的，留下精华。那么演讲的内容就不会再差到哪里去了。

# 第六章

## 若有所求，用诚恳获得帮助

## 多一个朋友 少一个敌人

在生活中难免会遇到需要请求他人帮忙的时候，有句话讲远亲不如近邻。搞好邻里关系是一件很重要的事情，以前，邻里之间每日都可以见到，在楼底下遇到了一番闲聊。到现在生活条件好了，我发现邻里之间的关系就不如旧时那么亲切了，家家都安了防盗门，平时也没什么太多交流，更有的可能连自己的邻居是谁都不知道，但凡一遇到需要帮忙的时候，又怎么开得了口呢？

还有一种情况，是我从其他人口中听到的。小区里一单元的五层有一对邻居，两家是相对的，那一层一共三家，还有一家在中间。中间那户是两口子还有一个上初中的男孩，女人是全职主妇，每天都在家里，性格很开朗活泼，家里条件很好。有时候，她的朋友从国外回来给她买的礼物，她有的还会送给邻居，两家邻居都对

她态度十分友好。但是住对门的这两家关系就很差，其中一家是四口之家，两口子加婆婆还有一个孩子，家里还养了条小狗。原来听人说越小的狗越凶，他们家的这只小吉娃娃也是，特别爱叫唤，嗓门还很尖。对门那家特别讨厌他们，尤其是他们家的那条小吉娃娃，总是吵得人不得安宁。关系一直僵持着，没有什么好转。

有天夜里，大概凌晨三四点了，在所有人都在梦乡里的时候，老远就听见小吉娃娃，汪汪汪地叫唤，扯破了嗓子似地喊。这可气坏了对门了，防盗门是两扇门，那家的男人骂骂咧咧的把门打开，发现铁门竟然是打开的，没有锁。觉得有点纳闷，心里想：不应该啊，我是最后一个回家的，这门我肯定是锁了的呀。等再仔细一瞧那门，明白是怎么回事了，被撬了。已经没有人影了，估计也是被那吉娃娃的叫声给吓跑了。男人回去跟自己老婆说了这事，隔一天，果不其然听见小区里的大妈聊天的时候，说小区里进了个小偷，把谁谁家偷的干净的，警察都已经开始调查了。那家女主人听了都有些后怕，一拍腿叹："真是条好狗呀，好狗。"她上超市买了一筐水果，就给人家送去了，人家一开门，第一反应是：这什么情况？黄鼠狼给鸡拜年了？

女主人："邻居呀，可多亏了你家这条狗啊，我可

100

得好好谢谢你，这点水果不贵，你拿去给孩子婆婆吃。"
狗主人："咋了？你谢我家狗什么？你可是最讨厌我们
家小狗的，昨天它晚上那么叫唤，又打扰到你了吧，你
还谢我，你不骂我就不错了。"女主人："这叫什么话啊，
我跟你说啊，昨天晚上闹贼啦。我们家防盗门都被撬开
了，要不是你们家这只小吉娃娃叫唤，能把坏人给吓跑
了，我们家可就遭殃了。"狗主人听了吓了一大跳："昨
晚咱们这层闹贼了？我的天啊，你可得把门什么的都锁
好了，估计旁边小月（邻家的家庭主妇）还不知道，咱
赶紧告诉她。"女主人："是啊，我听楼底下老太太们说，
都偷了一家了，这防盗门也一点都不防盗。赶紧把这水
果收下，以后咱俩这怨算是了结了，你觉得怎么样。"
狗主人："你当我想跟你关系那么僵啊，行了行了，又
没什么深仇大恨，以后咱们还是好邻居，有事你喊我帮
忙啊！"女主人："好嘞好嘞，您真是太慷慨了，这次真
是谢谢了。"狗主人："你做饭了没，没做饭晚上带孩子
上我家吃去啊！"女主人："不麻烦了，回头得是我做一
大桌子饭请你吃啊！"

因一只吉娃娃结下了怨怼，又因这只吉娃娃破解了
矛盾，解铃还须系铃人。你们家需要帮忙，我力所能及
的对你，相反我们家需要帮忙了，也可以得到对方的回

报。生活中知恩图报，该道歉的时候道歉，没有化解不了的怨恨，只有因为逃避而错失的温情。跟邻里之间搞好关系在生活当中是必不可少的，同样也是对自己多了一份保障。见面的一个微笑，一句问好，过年过节的时候送个礼，这都能使彼此间的感情更加密切。

 ## 求他人帮忙，首先要树立起自己的形象

我经常会在微博、新闻上看到一些需要帮助的人，他们有的身患疾病却没钱医治，有的贫困潦倒，连书都读不起。这些是在社会上极其需要别人帮助的人，有些时候我们也会有恳求他人帮忙的时候。有时借钱，有时借物，为什么现在的人普遍害怕别人管自己借钱呢？很简单，因为有些人死皮赖脸说尽好话把钱借来了之后，还的时候却磨磨唧唧，甚至不顾当时的情分。在这里我想说的是，别人对自己的帮助从来都没有是应该的，帮了自己算是交情好，说明自己人缘还可以，不帮自己的，或许人家真有难处，或许人家并不信任自己，但是不帮也并没有错。没有人是有义务有责任必须要去帮助

另外一个陌生人的，有句话说的又不是父母也没有血缘关系，凭什么呀？

什么样的人才会让他人愿意去帮助呢？第一，有借有还再借不难。第二，重情重义的人，他们受到大家的尊敬，也是知恩图报的人，他们很少需要帮忙，一旦需要帮忙的时候，有人伸出援助之手，他们便千百倍的还一个恩情。第三，男神和女神，为什么说是男神和女神呢？因为这类人是我们所憧憬并且喜欢的人，当他们需要帮助的时候，帮助他们就不求回报了，甚至内心还会因为帮助了他们感到激动和高兴。

在想让自己需要帮助的时候，别人的义不容辞，那么就要给自己树立起一个良好的形象，品质优秀。那么如何树立呢？帮助别人，我所说的帮助别人，不是自己倾家荡产也要为了别人，而是在自己力所能及的范围之内，给予他人帮助。当他人提出的要求，发现是自己无法完成的时候，婉转地拒绝。帮助别人确实是一种优秀的品德，但是盲目帮助别人，我们只会统称这类人为"傻"。在自己可以承受并且有能力做到的情况下，适当地帮助别人即可，这样已经足以树立形象。当自己再需要帮助的时候，我想会有很多人乐意并且热心地去回馈的，虽不图回报，人也难免遇到一己之力没法做到无可

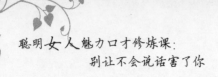

奈何的时候。

估计大家上学的时候都会遇到这种事情,第二天早上上学的时候,赶紧把学习好的同学的作业拿过来,对一对答案,有的抄一抄。可是这些学习好的同学也是靠自己的努力和时间去完成的作业,借给别人心里总会别扭。嘴上不说什么,心里却有点憋屈。不过当年做的这些事,在时隔好几年之后,大家回忆起曾经上学的时光,还会不禁念叨起来,当时谁谁学习好,大家总是看他作业。那时候不会一道题,哪个同学教了自己好久。一点一滴的小事汇聚在一起,也成了一段学生时代的温馨回忆。

可有些人就不会记得了,谁对他好,他就只享受着这份好,却觉得人家是应该的。好比我们对我们的父母,沉浸在他们的爱里,有些孩子年长了,孝顺父母,而有些却似白眼狼,让父母白疼了。试想一个孝顺的人和一个不孝顺的人,两个人同时需要帮助,两个人和自己一样关系好,选择帮哪个呢?心里会想,那个人连对自己的父母都不好,我帮他又能得到什么呢?而另一个人孝顺亲切,知书达理,我帮助了他,他日后定记得这份恩情,会回报于我。我们的关系也会越来越好。无论是否是因为帮助,道德品质优秀的人都是受人尊敬爱戴的，若连尊重不知为何物的，又怎得去信任他呢？

如果想要获得他人的帮助，首先自己就要有好的品质，不说他人帮忙自己了，一定要把人家的好都记在小本本上。记在自己的心里，适当的回馈给他人，不但能增进双方的感情，更能获得他人的信任。

## 值得信任，得帮忙

在我看来，遇到困难的时候，要请求他人帮忙，心里有满满的不好意思，又害怕好不容易说出来了却得到了对方的回绝。斟酌千百遍，也没有勇气开口。

我的好朋友杨欣然就是，她性格内敛，平常话也不多，一副娴静淑女的大家闺秀模样，生活上也很雅致，喜欢养小动物，喜欢种一些多肉植物。她一个人把自己的廉租房整理的既漂亮又整洁。我是打心底很佩服她的，独立并且不傲不躁，温柔似水。

就是这样一个女生，她有一次遇到了一个很大的麻烦，她母亲长了一个肉瘤，需要做手术，那时候急用钱，她把身上所有的钱都给了母亲，可是还差两千元。

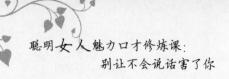

　　她母亲催她，让她去跟别人借，以后肯定会还的，她急不可耐却又不好意思开口。我不知她是想了多久，在临手术之前的那天给我打了个电话，约我去她家见面。我听她说话的语气不太对，以为她生病了，下班之后急忙收拾东西就坐车过去了。

　　到她家门口后，我刚按第一下门铃，门铃声一声都还没响完，她就打开了门把我拽了进去。我看她面色慌张，与往日截然不同，拉着她手问："怎么了欣然？这么着急喊我过来，脸色这么苍白，哪不舒服？"欣然："不是……我……我没不舒服，我……那个……"我拉着她坐到了客厅的沙发上："不着急，有话慢慢说，怎么了，出什么事了？"欣然低着头，想说又不敢说的，脸憋了个通红，一抬头看我看着她，眼泪唰就开始掉。看到她这样，我一下子就慌了，这肯定是出什么事了。连忙问："怎么了，怎么了这是？出什么大事了，你别哭，慢慢说。"欣然："我，我妈长了个瘤，要切。"我说："严重不？是手术难度太大有危险？"欣然："不是很大，切了就好，但明天就要手术了，我现在钱还没有攒齐，我……我实在不知道该怎么办了，才把你叫来。"我笑笑说："不就是借钱嘛，说，还差多少，只要我能负担得起。"欣然的手不禁开始搓起我的手，她紧张的时候

106

就喜欢做这个动作，我深知她是害羞不好意思，就又重复了句："要多少钱，说吧，还差多少呀？"欣然低着头，支支吾吾地说："差……差两千，我已经把我所有钱都给母亲了，可是……"她突然抬起头，看着我的眼睛坚定地说："这钱我挣了一定会还你的，真的，我一定会还你，我可以写个欠条，到时候我要不还你，你可以去报警！"看她一副严肃认真的模样，我再也忍不住狂笑不止："你啊你，就两千块钱，你至于吗，我的天，你吓死我了，我以为是多大一个数目呢。还写欠条，我还报警，咱俩这关系我还不信任你吗？"欣然摇了摇头说："我知道你信任我，写欠条也是让我自己心里好受一些，你的钱也不是大风刮来的，说借我就借我，我知道你好，这钱这情，我都记在心里的。"我一把抱住她："我的好姐妹，认识你真是我的福分，你妈就是我妈，咱妈生病了，我拿钱给她治病是应该的。你要想写欠条你就写吧，我尊重你的决定。"

　　后来我去银行取了两千元钱给她，她写了一张欠条自己签了个名字，还学着古时候欠条的模样，按了个红手印，实在让我忍俊不禁。事后过了大概一个月，她发了工资就立即把钱还给了我。我在欠条上标明，"钱已还，情犹在"，并把这张纸条保存了起来，偶尔

整理东西的时候看到这张纸，嘴角都忍不住上扬，看着这张纸，仿佛看到了那张清秀诚恳的脸庞，那日她哭泣的泪水。现在我们依然是好朋友，她时不时还会念叨我说："我老想着帮你做点什么，可是好像你什么都不需要帮忙，有时候我又不希望帮你做点什么，因为你要是需要帮忙了肯定是遇到了麻烦，我不想你遇到麻烦。"

一份真挚的友谊，一份淳朴的信任，互相帮忙就变成了天经地义的事情，可现在也再难得的这种珍贵友谊，我想总会遇到的，缘分总会来到的。

现实当中每个人之间都是有防备之心的，很难会像我和欣然那样的真挚，而如果不能让别人完全信任自己其实也没有关系，对自己没有敌意就好。既然没有信任可言，起码留下给对方的印象是美好且值得赞扬的，那么如此获得帮助的机会也会容易得多了。

曾经有一则寓言故事：一头驮着沉重货物的驴，气喘吁吁地请求一只驮了一点货物的马。

"帮我驮一点东西吧。对你来说，这不算什么；可对我来说，却可以减轻不少负担。"

马不高兴地回答："你凭什么让我帮你驮东西，我乐得轻松呢。"不久，驴累死了。主人将驴背上的所有货物全部加在马背上，马懊悔不已。这则寓言讲明了一个道理：别人的不幸不能给我们带来快乐，相反，在帮助别人的时候，其实也是在帮助我们自己。

## 助他人，助自己

获得朋友和亲人的帮助往往是简单的，毕竟有情分作为积淀。如果在社会上，遇到不是很熟悉的人又怎么获得帮助呢？或者在工作岗位上，并没有太深情分的同事，又是如何相处呢？在历史上最著名的乐于助人的人，就是雷锋了吧，他最后用生命保护了别人，他的舍己为人是一种无私的精神。现在也有军人、警察、消防队员等这些为人民服务的职业。他们无一不受人爱戴和尊敬。

记得在前不久，天津发生了一场巨大的爆炸事件，并且一共爆炸了两次，去的消防员都是在已知自己会丧命的情况下奋勇上前，看新闻的时候我莫名心疼，在其他人都向外疏散的时候，是他们，在得知死亡就在前方还要冲上前救人。想想有这么多无私的人在生活当中帮助着我们，美好依然存在于这个社会当中。

帮助别人快乐自己，我想在不断地帮助别人的同时，自己的品善也会被周围人发现，当所需帮助的时候，也可以得到适当的温暖。比如，在公车上让一个座位，再如，在捡到钱包的时候主动上交，很多生活当中琐碎又细小的事情，都需要被认真对待。帮助别人为得到的不是夸奖，甚至人家可能扭脸就会忘掉，重要的是陶冶自己精神的一种方法。提升自己，才得以更好地进步，不是吗？

撒切尔夫人的父亲罗伯茨是英国格兰文森小城的一家杂货店主。玛格丽特（撒切尔夫人）5岁生日那天，父亲把她叫到跟前，语重心长地说："孩子，你要记住——凡事要有自己的主见，用自己的大脑来判断事物的是非，千万不要人云亦云啊。这是爸爸赠给你的人生箴言，是爸爸给你的最重要的生日礼物！"从此，罗伯茨有意把女儿培养成一个坚强独立的孩子，下定决心要塑造她"严谨、准确、注重细节、对正确与错误严格区分"的独立人格。有了父亲这样一个"人生导师"，玛格丽特坚实地成长着。

玛格丽特入学后，她才惊讶地发现她的同学有着比自己更为自由和丰富的生活，劳动、学习和礼拜之外的天地竟然如此广阔和多彩。他们一起在街上游玩，可以做游戏、骑自行车。星期天，他们又去春意盎然的山坡上野餐，一切都是那么诱人。幼小的玛格丽特心里痒痒的，她幻想能有机会与同学们自由自在地玩耍。有一天，她回家鼓起勇气跟充满威严感的父亲说："爸爸，我也想去玩。"罗伯茨脸色一沉，说："你必须有自己的主见！不能因为你的朋友在做某件事情，你就也得去。你要自己决定你该怎么办，不要随波逐流。"见孩子不说话，罗伯茨缓和了语气，继续劝导玛格丽特："孩子，不是爸爸限制你的自由。而是你应该有自己的判断力，有自己的思想。现在是你学习知识的大好时光，如果你想和一般人一样，沉迷于游乐，那样一定会一事无成。我相信你有自己的判断力，你自己做决定吧。"听罢父亲的话，小玛格丽特再也不吱声了。父亲的一席话深深地印在了她的脑海里，她想："是啊，为什么我要学别人呢？我有很多自己的事要做呢。刚买回来的书我还没看完呢。"

罗伯茨经常这样教育女儿，要她拥有自己的主见和理想，特立独行、与众不同最能显示一个人的个性，随波逐流只能使个性的光辉湮没在芸芸众生之中。

故事当中是父母对孩子的教育，也可以说是在培养孩子心智上最重要的帮助。故事中的玛格丽特是英国的前首相，在任期间政绩卓越，还有"铁娘子"的称号。

还有一个的帮助别人的故事，主人公叫沙都·逊达·辛格。有一天，辛格和一个旅伴穿越高高的喜马拉雅山脉的某个山口，他们看到一个躺在雪地上的人。辛格想停下来帮助那个人，但他的同伴说："如果我们带上他这个累赘，我们就会丢掉自己的性命。"但辛格不能想象丢下这个人，让他死在冰天雪地之中。当他的旅伴跟他告别时，辛格把那个人抱起来，放在自己背上。他用尽力气背着这个人往前走。渐渐地辛格的体温使这个冻僵的身躯温暖起来，那人活过来了。过了不久，两个人并肩前进。当他们赶上那个旅伴时，却发现他死了——是冻死的。这个故事当中帮助别人的人获得善果，而知他人难处却选择忽略的人惨死了。故事当中透露着一个重要的讯息，帮助别人就是帮助自己，善有善报恶有恶报的意思在其中。社会并没有想象当中的那么黑暗，点滴之间的温暖是需要用心去感受的，有些人不远千里赶去村庄里做一名教师，为了那些知识浅薄的孩子们丰富头脑，有些人忍耐着与家人相隔万里的路程，在边境日夜驻守。学会了帮助别人，才能得到别人热心帮助自己，一切都应该是互相的。在帮助别人的过程当中收获幸福，将幸福积攒起来，我想善良将会越来越广阔地弥漫着，世事万物都将变得越来越美好。

 ## 讲义气，勿忘初心

随着时间的推移，环境的变化，人的心智和性格会慢慢改变，有所改变没有坏处，只是唯愿感情可以像一开始般真挚诚恳。一份友谊应该没有时间限制，应该可以互相陪伴终老，从年轻到衰老，需求着友谊，渴望着友谊的常驻，这份感情人人都很羡慕。

古有桃园三结义，刘备、关羽和张飞三位仁人志士，为共同成就一番大事业，意气相投，言行相依，在一个桃花绚烂的园林，举酒结义，对天盟誓，有福同享，有难同当，结为兄弟共同挑战未来。三兄弟之间的感情从结识，到最终死去，都未曾改变过，这份友谊让人可敬可叹。再想，刘备三兄弟三顾茅庐的故事，三次邀请诸葛亮下山相助，诸葛亮诚不弃刘备的恩情，在阿

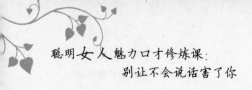

斗在任期间，也是诸葛亮的不离不弃拼尽了全力协助，在他死后，蜀还是亡了，但他这一生为蜀所做的一切我想他都是不悔的。

我想很多人像我一样，就算短短的五年之间，有很多人都成了生命当中的过客，他们停留过一段时间，给自己带来了欢声笑语，离开就再也没有回来。很难有一个朋友会一直陪伴自己很长时间，或许是生活上的无奈，抑或是心态变了。当我们无助的时候，第一想到的也许并不是跟家里人诉苦，怕家里人担心，或怕家里人的不理解，每当这时候，我们最需要的是朋友。心灵上的慰藉，疲惫了想找个人靠一靠的难受。有的人在外拼搏了十几年，依然一事无成，一无是处，绝望和悲痛互相交织着的时候，需要朋友的拥抱，来自友谊温暖的治疗。有的人在认真对待一份感情之后，却没有得到幸福的结果，失恋的痛苦捶打在心头上，需要朋友的陪伴，来自友谊的抚慰。

只有不断地拼搏，克服前方的障碍，去追寻、去探索，才可以找到真正的知音。需求帮助的时候，第一想到的就是朋友，有句老话，多一个朋友多条路，广纳挚友，在今后自己遇到困难的时候，可以伸出一只援助之手，更要记得的是，当朋友遇到困难的时候，自己不要轻易推脱，尽力而为。我这样勉励着我自己，我的朋友很多，他们做着不同的行业，我想是互相帮助，让我们的关系更加贴切。不妨会有一些"小人"，他们利用着友谊，利用这份感情只为给他增添利益，慧眼识英雄，睁大双眼，擦亮眼镜，这些只能靠心去做一个评定了。祝福每个人都可以获得一份纯粹的友谊，下面分享一下我的朋友帮助过我的一件小事。

之前我想买一台电脑，我对电脑的配置是一窍不通，只身一人到了电脑城，听那里的销售你一言我一语，头脑一片混乱，看花了眼，完全挑不出好坏，每个人都说的天花乱坠，好似全部都是最好的电脑。我只得打电话求助于朋友，他问了我平常做些什么，给我推荐了几台比较适合的电脑。大概是怕在电话讲不明白，或者怕我不会辨别东西的好坏，于是特地跟我一起去电脑城看电脑，那时候他们部门正属于非常忙碌的时期，这我是在事后才知道的，他挤出来仅有的时间陪伴我一起去买了电脑。他不慌不乱、稳条有序地跟我描述哪些我需要注意的，千叮咛万嘱咐我有问题一定给他打电话。再后来和朋友们一起相聚的时候，才知道那个月他非常忙碌，下班之后回家还加班到夜里一两点才睡觉，我心里甚是愧疚，想着什么时候可

115

以报答他呢。

他是一个漫威迷,那些超级英雄什么的就像他热爱电脑一样,蜘蛛侠、超人、钢铁侠,是他最喜欢的三个。偶然一次,我看到了蜘蛛侠的手办,于是花重金买下了它,送给了我的朋友。他看到手办很是激动,嘴角似要弯到天上,傻笑不止,说我跟他太客气了。我们已经认识差不多小十年了,他对我所有的帮助都历历在目,我总很难找到一个机会去回馈他的友好。总不能一味地享受于他人的给予,而自己没有回应?予人玫瑰,手有余香,我也总算找到了个适合的机会。

现在我们的感情依然很好,偶尔互相借钱帮助也会有,我想如果每个人都可以认真地对待自己的朋友,在得到朋友帮助的时候需要找到适合的借口回报。假如在路边看到了某样东西,突然就想到了他,不如买下送给他。不过每个人都有每个人处理友谊的方法,我想可以大致总结为,多一分真诚,少一分虚伪,多一分感恩,少一分心机,多一分帮助,少一分索取。向在生命中离开的人说声对不起,向曾经那些陪伴自己却被忽略的人说声对不起。

朋友一生一起走,那些日子不曾有。一句话,一辈子,一生情,一杯酒。(周华健《朋友》)西方还有句谚语说："朋友的可贵，就在于自由。"

　　描述朋友情，友谊的有很多文章和诗词，这些美妙的文字之所以沁人心脾，在于它们让我们身临其境，现在想一想那些离开了的朋友，那些还留到现在的。纵然在这个世界上经常事与愿违，世事无常，我们也要保留着最诚挚的希望，愿友谊初心不忘，绵长不断。

# 第七章

## 如何在情场上
## 如鱼得水

## 如何成功搭讪异性

爱情，好似一池温水湿润了内心，好似一朵棉花抚摸在脸颊，好似一缕阳光照耀在手心上。这种情感回忆起来充满温柔，也夹杂着疼痛和泪水。看到她不经意的笑会心情激动，看到他认真的模样，内心不经意的荡起了涟漪。从不懂事的时候，对班里的某个同学产生好感，到懂事之后，渴望另一个人的陪伴。

爱情需要双方认真地对待，爱情是人与人之间亲密无间关系的一种，人都需要被爱，想要去爱，可往往没有开始轰轰烈烈，就走向了结束。暗恋一个人，喜欢又不可求一个人，最后两情相悦要历经多少坎坷才能修得正果呢。

举一个例子，在 1600 万人当中，男女比例对半的话，各 800 万人，根据年纪 8 岁（+3 ～ –5）/ 平均寿命 85 岁，得到 75.29 万人，按照相貌除以 30%，得到 52.7 万人。去除患有疾病的 30%，得到 47.95 万人。按照合适的身高，去掉最高的和最低的 40% 得到 19.18 万人。挑出这些感觉可以选择的几率还有很大，毕竟还有小 20 万人呢，那么按照学历去掉不合适的 30%，得到 5.76 万人，当然这还有将近 6 万人。那么这些人当中会有已婚和有对象的，去掉这些人的 50%，得到 2.88 万人。性格上活泼开朗，善良真诚，心灵美的，适合做对象的人，就算是 10%，得到 2880 人。再去掉单恋他人，而自己得不到的那些人 25%，得到 720 人。暂时就这些条件吧，其他就先不考虑了，720 除以 8000 万等于 0.00009，一万个异性当中适合自己的甚至不足 1 人。

或许你会说数据是死的，人是活的，这些数据并不能说明什么，也不能代表什么。上次看到某一篇新闻，中国的大龄单身男性和单身女性比例是 6∶1，也就是说 6 个男人对应一个女人，那么剩下的 5 个人就只能是光棍了。上学的时候，家里人不让搞对象，要求着一心学习不要胡思乱想。毕业之后工作了，却发现每天都在沉浸在忙碌的生活当中，更没有闲暇的时光去找对象了，根据不同的工作性质，我们甚至没有办法在工作环境当中找到另外一半。这时候家里人开始着急了，怎么还没有谈朋友？就展开了一系列的相亲活动。

我们都会对另外一个人产生好感，这个人曾经与我们毫无关联，在认识他（她）的时候会产生好感，勇敢的人送上了精心挑选的鲜花，胆小的人只能远远地看着他们，把这份喜欢放进了心底。如果想要认识他，想要了解他，首先要做的就是搭讪。怎么成功搭讪呢？

搭讪在北京话里叫"套瓷"，主动和陌生人交流，无话找话的攀谈。《红楼梦》第三四回：晴雯 道："或是送件东西，或是取件东西，不然，我去了，怎么搭讪呢？"在红楼当中晴雯的搭讪，送点东西，取件东西，都是为了找到话头。现代社会当中，送东西怕是最为普遍的搭讪方法了，但是否真的能起到效用呢？我们看下面一则事例。

张泽喜欢同事刘雯雯有些时日了，张泽性格较为内敛，平常跟同部门的同事都很少说话，除了工作上的事情仿佛其他的事情都不言不语，午休吃饭的时候默默地跟着大家，饭桌上只字不提。同事们都不知道张泽喜欢刘雯雯，刘雯雯并不是外表多么光鲜亮丽的大美女，长得清秀白净，性格活泼，生活当中很爱笑。周围的同事跟她关系都很好。

情人节到了，刘雯雯并不把这当作节日，想着这种日子与她何干呢，想得更多的是晚上回家做什么饭吃呢？新的企划案要怎么编撰呢？可张泽就不一样了，看到心心念的刘雯雯开始收拾东西准备离开了，也立即开始准备下班。他紧跟在刘雯雯后面，在刘雯雯打完卡之后，他紧随其后打了卡。刘雯雯在前戴着耳机听着歌曲，按下了电梯，看着手里的手机完全没有注意到张泽。张泽小心翼翼地上前叫了一声"刘雯雯"，刘雯雯这时才抬头看到了他："嗨，你好。"张泽两只手紧握着，手心里全是汗，战战兢兢地说："那个，我买了个礼物，想送给你。"刘雯雯心里深感疑惑，平常跟他一句话都没说过，这时候说要送东西给自己，好是莫名其妙便问："什么东西？为什么要送给我？"张泽感觉心都快要从胸口里蹦出来了："没有，就是个小礼物，我看到的时候突然想到你了，所以想买来送给你。"张泽从包里取出一个包装精致的粉红色礼盒，就推到了刘雯雯的怀里。刘雯雯不得已抱住了礼物问："这很贵重吗？贵重的话我可不能收。"张泽："不贵的，你回家再打开看好吗？"刘雯雯点了点头："好的，谢谢你啊！"张泽满脸憋得通红："没事，不用客气。"电梯来了，俩人共同上了电梯之后，要走不同的路，于是简单告别就各自离开了。

刘雯雯对这个盒子有强烈的好奇心，想到答应过张泽要回家再打开，也没忤逆了诺言，忍了一路都没有看。到家打开之后发现里面有一个心形的盒子，盒子里面是马卡龙。刘雯雯轻声笑了笑："盒子倒是挺好看，但是我不爱吃甜食啊……"拿起一个马卡龙咬了一口，没有什么特别的味道，只感觉满嘴甜腻的味道让自己受不了，喝了一大杯水才平复了这甜味。刘雯雯摇摇头："心意是好的，可是这个马卡龙……好像是一般女孩子都挺喜欢的，可我真的是无能为力啊，实在是对不起了。"

第二天上班的时候，张泽敲刘雯雯的QQ问："怎么样？还喜欢吗？"刘雯雯怕伤了人的一份心意，勉强地回答道："嗯，挺好的，挺喜欢的，谢谢你啊。"张泽看着喜欢的女生说很喜欢自己的礼物，得意扬扬的："没事，你喜欢的话，以后还可以送你。"刘雯雯看到这条消息，眼睛突然睁大，慌乱的打到："不用了，这一盒挺贵的，以后别送啦。"张泽还以为是对方心疼自己花钱连忙打："没关系的，你喜欢就好。"刘雯雯看到这条消息，再也无可奈何，正好工作来了，关掉了对话框就没有再理。她心知张泽对她是有好感的，可他的搭讪方法真是太让自己无奈，像以前一样，和他没有什么交情。张泽也和以往一样，在单位里一句话不说，默默地喜欢着刘雯雯，只是有时看到她忙完要离开的时候，身边多了另一个人与她同行。张泽就再也没敢跟她主动有正面的沟通了，QQ上还会聊几句，但刘雯雯也是爱答不理的，客套了几句话就结束了话题，再也没多说过什么了。

　　上面这个故事当中，对于张泽的搭讪，你能给他几分？他送给性格开朗的刘雯雯的礼物，只是自己喜欢满意认为女生都喜欢的东西，也没多想对方是否真的喜欢，可后来却误把别人的客气当作了满意。这就导致刘雯雯开始躲避与他接触，再加他平常在生活当中也没做过什么事情，最终没追到女神，以失败告终。我想搭讪最开始在不了解对方的情况下，还是慎重其事。

　　搭讪有几大误区需要避免：第一，讨论关于对方外观穿着的话题，除非是对这方面有特别的了解和相关经验，否则避免尝试。第二，看对方在看手机或者听音乐，害怕打扰对方不敢搭讪。第三，要珍重每一次的搭讪的对象是自己真心的，不要把对方当作自己搭讪的经验。第四，刻意地走到对方的前面，回头搭讪。第五，搭讪时关注对方的表情和小动作来判断自己是否能成功，如果对方看起来并没有兴趣，也免得让自己太没面子。第六，如果说话紧张，磕巴，情绪都会传染给对方，请保持冷静。

成功的搭讪需要具备几大条件：勇气，幽默，谈吐，外表。每个女孩都是希望被搭讪的，她们希望被有气质有水准的男人搭讪，如果形象猥琐、行为怪异怕是会被当作变态或者色狼躲得远远的。这四点当中若缺少哪一方面，用另外三点的增强来弥补即可。总的来说男人搭讪，首先需要让自己变得更加优秀，说不定优秀的你还会被美女主动搭讪呢？

好感可以从无处不在的地方产生，马路上路过的行人，公交车上的乘客，饭店里的食客。前几天看到这样一则新闻，一名男性在公交车上碰到了一名女子，与之搭讪后要到了联系方式，现在要结婚举行婚礼了，两人又回到当初遇见对方的公交车上，感谢这来之不易的缘分。

搭讪的目的勿太过明显，毕竟在双方不了解的情况下，给自己留些余地作退路。

## 怎么和陌生人做朋友

　　人为什么需要搭讪呢？好比新入学的时候，主动与周围的新同学攀谈一样，找一个契机与他人交流。我们需要一个机会一个借口去认识新的人，更何况是有好感的人呢？什么为好感？多为第一眼看着有眼缘，或者从几次侧面了解感觉还不错的。可是苦于生活上并没有什么太多的交集，那么这时候就需要我们自己去创造机会了。

　　我想每一次的搭讪都是以认为成功的态度去做的，在开始的第一次、第二次，胆怯和害羞的存在是常会有的。抱有被对方泼一脸白水的勇气去搭讪吧。如果你真的被拒绝了，不要太过气馁，或许你是因为当天自己的形象不太好，说的话不太对头，也可能是对方本身心情不太好等的因素。总而言之，如果这就打消了以后再搭讪的勇气，未免就有点一朝被蛇咬十年怕井绳了。

　　有几个由网友概括的搭讪成功率比较高的场所：旅途、咖啡店、球场、书店、图书馆、超市，等等。

　　旅途这一项让我尤为感慨，坐过火车的人都知道，路程比较长的在火车上是很烦闷的，无所事事，最多就是吃一吃，聊聊天，大概文人雅客会观赏窗外的风景谱写诗歌或散文。我曾乘坐一趟由北京到重庆的火车，时间为 19 个小时。手机都快没电了，还会穿越多个隧道，导致没有信号，无聊的只得望天发发呆了。睡中铺有个男生，怕也是无聊得紧，下来问我们要不要打扑克，看样子他也是一个人的旅行。于是叫了上铺，他兴致勃勃地找乘务员买了副扑克。

我当时想拒绝，陌生人突如其来的邀请让我有些措手不及，但是实在太无聊了，找点事情打发时间也没什么不可。那男生性格比较活泼，待人也很亲切，另外一个男生性格相对比较闷但是彬彬有礼。我们以谁输了谁喝水为惩罚，买了六瓶凉茶。一直到晚上十点关灯，这场游戏结束了，睡一晚上第二天早上就可以到达目的地重庆了。在一起玩耍娱乐消磨时间很快，虽然连喝了几瓶水这惩罚真的还挺残酷，以致后来我每次再看到凉茶都有些许颤抖，但还是总回忆起那次在旅途中的快乐。

现在看来，学生时代的学生们对于搭讪更加擅长，工作的成年人相对来说好像就少了很多，不乏其中有大部分男性认为如果自己有钱了，找什么样的女生不行呢这种想法。大龄单身男女青年的数字直线上升着。

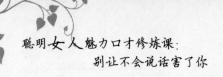

　　我有个阿姨的女儿，学习非常刻苦，上了大学之后继续考了研究生，她在不断地学习文化积累知识。可是却把我阿姨愁坏了，阿姨总是无可奈何的与我说："她都 27 了，还不找对象，就要奔 30 了啊！我给她推荐了几个男生，她连看都不看一眼。给她筹划的相亲，她去都不去。"我只得笑着安抚她："感情的事情，得靠她自己来，别人怎么帮忙都是没用的，她那么优秀的女孩总会找到合适的人的。"纵然我百般劝解，让阿姨别再插手女儿的感情，可是另一个阿姨却出了个着。那天正好赶上阿姨的女儿过生日，另一个阿姨说让孩子出来大家一起吃饭过生日，私下偷偷安排了另外一个男孩子在生日会上与她见面。阿姨的女儿瞧出了点猫腻，一言不发的吹了蜡烛，吃了自己的蛋糕，跑到一边默默地玩手机。那男生主动去搭了几句话，女孩一句也没回，索性还戴上了耳机，表现出一副"我不想跟你说话"的架势。那男生看到如此灰头土脸的就离开了。

　　事后阿姨问女儿感觉怎么样，女儿不敢正面表现出自己的不满，温和地说："不太合适，没有什么感觉。"阿姨再也拿不出什么主意了，就没再为女儿找过了。我想相亲这种事情，大多数人从本质上都是厌恶这种形式的。以结婚为目的见面，甚至没有一丝了解，谈到结婚想是一辈子的事，更多的是家人的催促，家人觉得资质不错的人，这都是让我们讨厌的。

搭讪的意义就此就可以体现出来了，首先搭讪是我们从自我主观当中想要去结识他人的一个想法。我们自己对另外一个人产生了好感，才会搭讪，就没有那么大的被动性了。有的人缺少主动搭讪，有些人总是想被搭讪。我想无论是主动的还是被动的，双方都需要具备一定的自我涵养，自带气质的光环。如果你是邋邋遢遢的，怎么可能会有人搭讪你呢？如果你外表不当油光满面，你搭讪别人只会被人当作坏人来看待了吧。

虽说人不应该只注意外表，更多的是心灵美，有句话讲相由心生，如果心灵真的美的话，对于自己的穿着打扮也应多有修饰，不说有多好看多么潮流算是打扮，干干净净整整齐齐就已经很好。

我曾看到一名网友吐槽自己的奇葩舍友，某个大学的女生宿舍里，她们是一个四人间，舍友家庭环境不太好，多多少少也会有些零花钱。喜欢买化妆品、衣服、包包、鞋子，等等。看到这里一切都很正常，女为悦己者容，女性喜欢打扮自己从古至今都是如此。有一点不

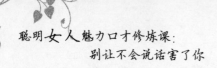

同的是，该女在生活上十分的脏乱不堪。自己的垃圾堆成山了存一个礼拜都不扔一次，衣服也乱七八糟的在床上放着，袜子一个礼拜都不洗一次。积攒一个月的臭袜子，泡在水里面，水都是黑的。另外这位网友配了几张图，真是看着让我深感反胃。每天早上都会把自己的脸化一番，不爱洗澡，这位网友称她身上都是臭的，衣服也都是臭的。她的舍友自己也知道有些臭了，就喷了些香水在身上。外表光鲜亮丽的，实际自己的生活根本没有好好地打理过。

我看到这名网友吐槽舍友的事迹，简直刷新了我的三观，竟然还会有这样的女生吗？这是女生吗？这太可怕了吧！当我质疑故事的真实性的时候，这位网友贴上了好多照片，衣服乱摆在床上的，垃圾一堆一堆的，触目惊心的照片摆在我面前。网友称自己的这位舍友平时行为也很放荡，比如，追在学长的后面，总是自夸自己多好。我想若是我遇到这样的女生，会避之唯恐不及。

搭讪的对象也要多加斟酌，可能有很多意想不到的事情发生，对于这些也要坚强地面对，没准在哪次的搭讪对象就是你未来的另一半呢？有的时候，缘分到了，是拦都拦不住的，且行且珍惜。

## 如何用语言使距离变成美

距离产生美，这是美学的一个著名命题，说的是人们在欣赏自然美、社会美和艺术美，等等的审美过程中，必须保持特定的、适当的距离。（黄颖）

不识庐山真面目，只缘身在此山中。我想这是最能体现距离产生美的了，当局者迷旁观者清，大概也是如此。在我们沉浸在某件事的时候思考好似被屏蔽了，旁人的点拨能带来巨大的效力。那么如果把这句话放到感情上面呢？

先不说友谊或者爱情，在和家人相处的过程中，你是否会突然有种想要离开家的冲动？你会有一些不想与别人分享的隐私，你会选择性的与家人说话，有一些事埋藏在心底。这些都是距离。我们需要有自我的空间，不需要与别人分享，倘若别人主动发现的话还会有些恼火的情绪。

曾有句话叫"君子之交淡如水"，朋友之间的感情不应掺杂着那些肮脏的情绪，不以利益为目的，也无须每天都腻在一起。即使因为生活的缘故，相

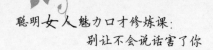

隔异地，思念的时候打一通电话，方便的时候去看看对方，对方也可以热情的招待。有一个人可以听自己发泄情绪，有一个人可以在生病的时候帮自己买药。有些过分亲密的感情可能更容易伤害别人，我想每个家庭当中都会有父母争吵的声音，有的甚至不欢而散。

陈贺和林军是拜把子兄弟，俩人从小一起长大，穿过彼此的衣服，吃过彼此的剩饭。如今大学毕业，两个人离开了家合租了房子，都找到了自己心仪的工作，本该就这样安稳的度过每一天的。有一天却因为一点小事吵了起来，陈贺有写日记的习惯，从小到大几乎每天都会撰写日记。这一天林军在外应酬喝酒有点多，醉醺醺地回到了家，俗话说"酒后吐真言"。陈贺开始将林军扶到了床上，林军开启了话痨模式，滔滔不绝地开始谈起了他们的友谊，突然间林军说道："陈贺你记得你写了篇日记，说我抢了你喜欢的女生。"陈贺听到此大吃一惊，问道："你什么时候看了我的日记？"林军："就你，老把日记放在第二层抽屉的最里面，有回我翻抽屉找笔记本的时候发现的。"陈贺听后怒发冲天："你不知道那是别人的隐私吗？你随随便便翻别人东西都不跟我说一声？"林军醉醺醺地笑道："咱哥俩谁跟谁呀，要什么隐私?"陈贺说:"那你意思就是,我的日记你全都看过啦?"林军打了一个酒嗝说:"我也就偶尔的时候看看,别生气嘛!"

第二天,好似什么事情都没有发生过,林军醉酒醒来把昨晚发生的事情也一并忘记了,只是陈贺会若有若无的与林军保持距离,没有像以前那么亲密,连日记都不曾再动过笔。林军也并没发现有什么不对,每天照常生活。却好像一根刺扎在了陈贺的心里,他有的时候甚至想:你要是不告诉我,我或许就没这么难受了,一想到自己那些丢人的事情,那些不想告诉别人纯发泄自己情绪的事情,写在日记上都被人看了去。又是羞涩,又是别扭。始终也给自己下不了一个决心去原谅林军。

我看到这个故事的时候,想起自己也有一些不想与别人交流的事情,以书写的方法记录了下来,有的是单纯的泄恨。好比有时候生气到想杀了另一个人,只能在纸上写一写。这些想法是我不想被别人看到的,也可以说本身它的存在就是我内心阴暗的一个角落,如果让别人看到了我会觉得无地自容。陈贺和林军虽然是从小到大的朋友,故事当中林军不止一次的看过陈贺的日记,我想纵然再如何亲密,也不应该去侵犯

别人的隐私。而他一直也未告诉过陈贺，想必这是让陈贺最受不了的，可如果让陈贺永远都不知道，好像这件事情也不会那么严重。可怕的是做过了，并且还暴露了。我得到的感受就是，无论再多亲密的朋友，也要给他人留下适当的隐私空间，有些东西不该去触碰的，千万不要因为自己的好奇心而去摸。给彼此都留下空间，不但让友谊更加绵长，也可以让彼此的关系更加得纯粹和维美。

少说多做，这样增加的友谊更让人心服口服，多说多做，这样也未必不可，而只说不做，这不但使别人对你的信服度降低，更会让说的话变得没有分量。像故事当中林军酒后吐真言，事后断片的情况，连自己做错什么都全然不知，如果酒品不好，也注意不要贪杯呦。如果事事做到问心无愧，这也就无伤大雅了。

 ## 不是所有人都喜欢"无话不谈"

我在生活当中发现了这样一种现象，有一种人与另外一个人关系熟络之后，什么话都会与对方说，家庭上的琐事，身边发生的小事，遇到的麻烦，等等，都会全盘倾诉给对方，然而这些事情当中带有负面情绪得多，说白了就是感觉终于找到了一个人听自己发牢骚了。而对于有一个和自己相同的人，也是说这些向自己发牢骚的时候，却含混其词的回答了几声，表现得很不耐烦的人。

我们有一位女同事，她是个编辑，偶尔也会有不是特别忙的时候，她就会看一些综艺节目，或者逛逛淘宝消磨时间。有一次被我们主管看到了，主管也知道这些日子没有那么多工作，但看到员工在单位如此懒散，就亲切地提醒了几句："别看太长时间了，现在是在上班，不是在家里。"若这种行为被老板看到的，肯定是当众一顿批评，还要写份检讨。但是她就不乐意了，我们有一个QQ群，群里没有几个人，我们经常在一块吃饭的，并且工作上接触的也比较多，为了交流方便所建立的。主管走了之后，她就开始在群里发起牢骚，编辑那虽然没有什么事情，但我们手头上当时都是有一些工作正在忙碌的。她一个人在群里发泄着自己的不满。"又没什么事情，凭什么不让人看视频啊？""她是不是闹更年期啊，这都管。"等等一些话在群里不断地刷屏。后来她发现大家都不理她，又开始生气："你们都干吗

呢，怎么都没人理我啊？"群里有个妹纸回答说："今天有点忙，没来得及回，你自己看视频小心一点呀。"她好似觉得得到了理解，开始在群里说看的什么节目，什么内容，谁谁谁可帅了。等等。

我被QQ的嘀嘀声吵得不行，索性就屏蔽了那个群，继续安心地做我的工作。后来我翻看了聊天记录，我想本身错在她，可她还一副蛮不讲理地指责别人，便对这个人的印象有所改变。我没有直观地去找谁发表我的这些想法，但是群里有个妹纸就忍不住了，在群里说："我不觉得主管有什么错，倒是你，上班还看视频。""我看视频怎么了，我没什么活我才看的，我要有活我就去忙了。""你还好意思说呢，上回给你安排的，你拖了多久没做完。""我这是谨慎起见，做得认真一点。"两人你一言我一句的，后来气的这个妹纸退了群，那位编辑大小姐，还在群里发着自己的各种牢骚，我看了看觉得也没什么意思，就也退了群。接二连三的剩下几个女生都退了，群就散掉了。

再见面的时候，我们几个人结伴而行巧遇到她，她试图主动来与我们攀谈，我想也没有深仇大恨，便也与她亲切地交谈。后来从别的同事那里讲，说她背后说尽我们坏话，让我们离她远一些。

如果你觉得无法无话不谈的不是朋友，我想这是最大的一个误区，自己的负面情绪本来就已经让自己不开心了，又何必去传染给别人呢？如是在单位同事之间，我想最好还是避免这种讨论其他同事的话题吧，说者无心，听者有意，我想这个大家都懂。

##  保持交流是使感情稳固的重要食粮

成年之后，离开家乡到另外一个陌生的地方拼搏。毕业后，昔日的好友们分道扬镳，各自选择了不同的人生轨迹。分别这个词在生活中频繁地出现着，正因为分别，才会有思念，因为有思念，才会有不舍。在现代科技发达的社会当中，我们可以使用手机、电脑等各种可以交流的工具。这些工具特别常见，使用也非常频繁。

我进入社会之后，曾与要好的初中同学见过一次面，人各有志，他现在还在不断地学习当中，我们回忆起当时在一块玩得很好的另外一个小伙伴。说到那个小伙伴，在一起开心快乐的事情简直可以说三天三夜，毕业之后却再也没有联系过，不禁有些遗憾。朋友说他在高中毕业的时候见过她一次，她只是问了他考的成绩怎么样，报了哪所大学，之后就没有聊过其他。想必分隔过久已经让我们从无话不谈到了无话可说的地步了，如果想使感情持之以恒，无论什么时候，交流都是一座重要的桥梁。

我有个女性朋友，就叫她小冉吧，她在大二的时候结识了她的男朋友。相识两个多月后，他捧着鲜花，在她的宿舍楼下向她表白，她下楼之后，两个人紧紧相拥。感情一直都让旁人很羡慕，校园里总能看到他们俩手拉手的身影，或者是他骑着单车，小冉坐在他后面，搂着他的腰笑的一脸甜蜜的模样。大学毕业之后，男生选择工作，小冉则选择了留校继续深造。小冉在北京继续考研，她男朋友飞到了上海就业。异地恋让两个人都不好受，小冉生病的时候，再也没有那个为她端上热水，千里迢迢去为她买感冒药，为她披被子，陪伴她的人了。小冉的男朋友在上海刚开始就业，频频碰壁，多想抱一抱心爱的她，却可惜相隔异地。两人各自的生活都开始忙碌了起来，小冉一心读书，为了考上研究生，不分黑白。她男朋友不断地找工作，面试，被拒绝，又重新振作的继续。忙碌挤满了两个人所有的时间，他们没有时间给对方打一个电话，没有时间在微信上与对方说句晚安。

在我以为他们情比金坚的感情一定会渡过这种难关，修得正果的时候，小冉来找我跟我说一个好消息和一个坏消息，好消息是她成功考上了研究生，坏消息是她与他分手了。我问她因为什么让她不想再继续这份感情了，她说他们的交流越来越少，也因为有各自的事情，异地的分开，让她很疲惫。我问小冉："小冉你还喜欢他吗？"小冉笑了笑回答："我怎么可能不喜欢他，我只是觉得我现在一点办法都没有，我们隔得这么远。"我后来给小冉的男朋友打了个电话，他高兴地告诉我他已经成功找到了份合适的工作入职了，可是不高兴的是与小冉分手了。我问他，你还喜欢她吗？还想跟她在一起吗？他沉默了一会，认真地说："我想和她在一起，一直到老。"

有一次我建立了一个讨论组，加上了小冉和小冉的男朋友，我们三个在语音里讨论了一下他们分手的原因。不过是因为距离的缘故，两个人没有交流，导致彼此都感觉寂寞。我想了想说："你们两个不交流是为啥呢？"小冉的意思是说觉得两个人没有什么共同点了似的，不知道再与对方聊什么了。我突发奇想到，他们是缺少一个共同的圈子，但只要感情还在，为何不创造一个共同的圈子呢？我问他们："你们玩游戏吗？"小冉的男朋友说："我那时候玩，后来忙着找工作就没有了，小冉不玩的。"我说："如果你们有共同的休息的时间，不如在一起玩点什么吧。"后来经过商讨他们选择了一个角色扮演的网游游戏，他们一起研究游戏的玩法，聊天的时间多了，还增加了一些在游戏中的革命感情，比如，一起杀一个困难的 boss 之类的。看着他们感情恢复如初我甚是欣慰，小冉在研究生读完之后，不打算再读了，投了简历到上海各大中小企业，最后也找到了份合适的工作。磕磕绊绊，分分合合当中两人在一起已经五年了，现在已经商量着结婚的事情。我真心祝福他们的爱情可以天长地久。

建立感情的桥梁最重要的就是交流，一个懂自己的人，比任何人都会格外的珍贵且值得珍惜。何必相爱却爱不出个结果，找到实用的解决办法，心都给了他了，还有什么做不出来的呢？

分别之后我们踏入的是不同的圈子，觉得没有共同话题可以聊，这都很正常，当初的形影不离为何最后要因为选择的不同就放弃呢？我们都会结识新的朋友，但是那些过去的友谊怎能由其如泡沫一样挥散掉呢？友谊可以淡如水，那么爱情就真的舍得这么结束吗？我听好多人说毕业就是一场大规模的分手。那些在校期间的甜甜蜜蜜都抵挡不住毕业之后现实所给予的压力。我想这都是分人的，有些人可以处理解决这个困难，而有些人没了斗志。

有一对夫妻，女人是全职主妇，家里有三个孩子，她根本没有闲暇的时间再外出工作，男人是一名商人，经常出差。家里的条件都很优越，外出的男人总是怀念着家里的孩子和自己的妻子，却因为工作的缘故不得回到家里。孩子们也总与女人吵，想爸爸了，想爸爸了，女人紧紧的抱住他们说："爸爸很快就会回来，回来给你们带好吃的。"这次出差长达一个月，无论多远的分离，他们都亲密无间。出差一个月对于这个家庭来说已经是家常便饭了，那么他们是怎么抒发自己的思念，维系感情的呢？

男人每天晚七点就下班回到宾馆休息，孩子们会吵着和父亲在线视频，通常一视频就是几个小时，到了九点多的时候，女人看孩子们还是依依不舍的，也得逼着他们去乖乖睡觉。剩下的时间就是男人和女人的了，他们互相倾吐思念，男人每到一个地方都会给

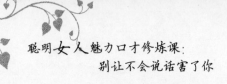

妻子写上一封长长的信，外加一张当地的明信片寄回
到家里。有人会说，有那么多种高科技的联系方式，
又何必写信呢？这就是他们维系感情的一种方式，在
他们谈恋爱的时候，还没有手机、电脑这种设备，都
是用信件互诉衷肠。邻居看到这家的女主人，总是可
怜同情她一个女人照顾三个孩子，老公还不在家。可
她从来都不觉得寂寞，无论男人在何地，他们的心都
紧紧地贴在一起。

　　交流可以使距离变得没有距离，如果有一天喜欢
的那个人，不怎么跟你说话了，可她照样发朋友圈，
或者刷微博，与平日无异，多多少少都会体现出来感
情要开始变质了。多与自己爱的人说说话，多陪伴一
会。我想无论距离多远，爱都会让彼此紧紧地缠绕在
一起。

 **花言巧语莫过多，真情实意是关键**

　　花言巧语这个词大多贬义的意味比较多，有很多
男生也许都苦恼过一件事情，真心是否比不过花言巧

语。是否女神的回眸就是因为花言巧语，甜言蜜语等所吸引。首先我想说的是，真心实意肯定要比花言巧语要重要得多，但是花言巧语更是必不可舍的一部分。

我曾听过这样一个故事：大学里有一名众所周知的系花，系花是普通家庭，从小到大和所有人一样过着普通人的生活，平平淡淡的，人也很老实可爱。父母做了点小生意，磕磕绊绊收入还比较稳定。她进入大学的第一年，在学校里就非常出名了，外形相貌都很优越，并且没有陋习，在宿舍里跟舍友的关系都很好。在周围人的眼里就像是天使一样，优秀，大方，有气质，没有一丝瑕疵的璞玉。

如此优秀的女生不免会被学校里的一些男生们盯上，很多人给她写情书，送早点，送花，送礼物，等等各种献媚的方法，使尽了浑身解数，却都没有得到女神的芳心。突然有一天，系花和大家说自己有男朋友了，大家争先恐后的追问她是谁，她轻轻地拉住了身边男生的手。很多爱慕系花的人心碎了一地，那男生外貌不算特别英俊，白白净净地笑起来很好看，淡淡的有两个小酒窝，挺拔的身躯，头发染了亚麻色，右耳朵上还有两个银质的耳钉。系花的闺蜜知道这件事之后，百般的劝

解系花不要跟他在一起。

为什么闺蜜死活都不愿意让系花和他在一起呢？这是有一些缘故的。那男生在学校里是出了名的"渣男"，交过的女朋友都可以排长队了，最会的就是花言巧语。闺蜜不希望自己的朋友被这种男生欺骗，不断地劝解，系花却死心塌地的非要试一试。

不出闺蜜所料，半年之后，系花和那个男生还是分手了，原因是那个男生说喜欢上其他的女孩子了。系花的闺蜜好似觉得这件事验证了她当初警告过系花，责怪系花当时没有好好听她的话，这回散了吧。系花抱了抱自己的闺蜜说："我知道你说得都对，我也知道他是渣男。他真得很会说花言巧语，每次我生气的时候，他哄我几句我就忍不住笑出来。我跟他在一起的原因很简单，因为他是个很会谈恋爱的人。在一起的时候，我爱吃那些路边小摊的垃圾食品，他会告诉我那些东西不好，叫我不要乱吃。有次我偷吃了，真是小摊上的东西质量不保障，胃特别的疼，他扶着我去医院，知道我不舒服特地煮粥给我喝。有天晚上看书看得特别晚，就忘了吃晚饭。一看表都已经十一点了，我就给他打电话，他立马去买了份我爱吃的手抓饼给我送了过来。他是渣，但他跟我在一起的时候，就是全心全意地为我好，会哄我会照顾我，我享受着我们恋爱的幸福感。他不会像有些男生一样，打游戏就会忘了回我消息，不会像有些男生一样，我蛮横一点就说我强词夺理。之所以他明明是个渣男，我还愿意和他在一起，因为他真得很会谈恋爱。他喜欢别人了，也会很诚恳地告诉我。"

闺蜜听系花一番话不禁也有些感慨：是呀，又不是所有女孩子都傻，明明知道他是渣男，还依然和他在一起，就算他有魅力吧。不过做的事情还是不太地道，嗯，我还是讨厌他。

根据我的经验来看，大多数的渣男都带着暖男的光环，他们会做一些女生们真正需要的陪伴和温暖。很多女生都缺少一种被爱的感觉，寂寞的时候缺少被关怀被认真对待的感觉。如采百分之八十的行动外加百分之二十的甜言蜜语，爱一个人可以不是付出全部，总要比自己一个人的时候要付出的多一些了。花言巧语可以作为一记很棒的调味品，更可以说是催化剂，可以让感情升温，也可以调和感情间的矛盾。

故事中的闺蜜有个男朋友，她的男朋友算是学霸那种类型的，理科生中的精英学霸。闺蜜和学霸的初识便是在图书馆，那时候学霸在看一本关于星体的书，闺

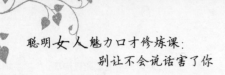

蜜仰望学霸许久，此次碰上了想找个机会搭讪。在书架中挑了好久，不知选择什么类型的书才能得到学霸的青睐，在身边找了个同学，派他偷偷去看一下学霸正在看的是什么书。于是闺蜜拿了本《时间简史》，悄悄地坐在了学霸的旁边。眼睛全然不是在书的内容上，眼神不断地往旁边飘，突然飘大劲了，椅子"吱啦"挪动了一声。这得到了学霸的注意，学霸放下书看了看旁边的闺蜜说："同学，你也喜欢看这种书？老师安排的作业吗？"闺蜜听到学霸与自己说话，脸瞬间红得发烫，小声地说："是，是我自己感兴趣才看的。"

学霸不禁一愣，笑道："是嘛！很少见到有女生喜欢这类书，更何况像你这么可爱的女孩子。"闺蜜听到心仪的学霸说自己可爱，脸更是红得如同猴子的屁股，脑子迅速转过念来，想着学霸好不容易跟自己搭话了，得把握住这次机会。她低着头小心翼翼地说："还……还好啦。其实有好多看不太懂的。"学霸豪爽地回答道："有什么不懂的你问我呀，这些对我来说小儿科。"闺蜜心里笑开了花，迅速掏出了手机，转头问学霸："那……方便留个手机号吗？我要是不会的可以打电话给你吗？"学霸毫不犹豫地说："好呀。"闺蜜开心地存下了自己的手机号，又回拨了过去嘱咐学霸要记住自己的手机号。

　　闺蜜日复一日的计划着攻克学霸，学霸却似并不知情，不知道这女生是因为喜欢他所以才做这些，单纯地以为她是鲜少跟自己有共同兴趣的人。闺蜜终于知道了，他就是一个榆木脑袋，智商爆表情商为负的家伙，便鼓起了勇气与学霸告白了。学霸没有闺蜜想象当中有大吃一惊的模样，很开心的同意了她的表白。由于是闺蜜倒追的学霸，有时候总觉得自己在一个很被动的位置上，学霸并不会说什么甜言蜜语，依然如以前一样研究着自己感兴趣的课题。闺蜜曾经一味地想要放弃，觉得这好像并不是在谈恋爱，她依然和他像之前一样是朋友的关系。

　　这时候杀出了一匹黑马，在闺蜜伤心难过的时候，对闺蜜展开了强势的追求。闺蜜心里还有学霸，跟那个男生说自己已经有男朋友了。可那男生好似越追越勇，有天晚上在闺蜜宿舍楼下摆了一个心形的蜡烛，手里捧着玫瑰花，大声喊着闺蜜的名字，与她表白。由于是晚上，闺蜜怕他这么闹会打扰到其他人，只得下了楼去。往周围看了一圈，没有学霸的身影，突然觉得十分落寞，又很是无助，不知道要怎么拒绝他，也想着不如

就答应他吧。正在踌躇的时候,突然看到学霸从老远处飞奔而来。只看学霸也捧着玫瑰,看到闺蜜之后,将玫瑰递给她说:"我是你的男朋友,你是我的。"闺蜜破涕为笑,抱着一把鲜花捶他的胸口说:"你这算什么表白嘛!"学霸看了看旁边的男生说:"这是我的女朋友,希望您今后不要再打扰她了。"那男生看着自己很难下台,便把花往地上一甩,转身就走了。没有热闹看了,人群渐渐就散了。只剩下了闺蜜和学霸两个人,学霸挠了挠头说:"我来晚了,估计太晚了,跑了好几个地方卖花的都关门了。"闺蜜笑着说:"不晚,你来得刚刚好。"学霸不好意思地讲道:"我不怎么会说甜言蜜语,你知道的,我理科男……也不会像刚刚那个男生那么浪漫。我不知道喜欢是什么,也不知道什么是爱,我只知道我想跟你在一起,看到别人追你我就不开心,看到你跟别的男生在一块儿,我就生气地想打人。"闺蜜轻轻捂住他的嘴说:"好了,我都知道了,我们会一直在一起的!"夜晚的月光皎洁,繁星漫天,旁边摆着心形蜡烛也被微风吹灭了几支,两个人的感情在这个夜里更加得亲密香甜。

爱情有很多种模式,有些男孩子不会说甜言蜜语,有些男孩子把这些套路玩的熟门熟路。更多的一份真心才能换回一份真情，珍惜每一段来之不易的感情。就像我之前说过的，遇到灵魂伴侣的几率多么渺小，人无完人，对方的尊重和爱惜，都可以让恋爱更加的幸福美满。

# 第八章

# 职场风险，如何圆滑应对

## 换个角度思考让工作更加顺利

工作会让你觉得困扰吗？写不出一份漂亮的简历，跟上司的关系总是很疏离无法亲近，和同事关系不好总是孤单一个人？在交流障碍上的问题都会成为在职场上的一面墙壁，是一头撞在墙上还是一把将墙推开。曾有一个这样的故事：

在美国一个农村，住着一个老头，他有三个儿子。大儿子、二儿子都在城里工作，小儿子和他在一起，父子相依为命。

突然有一天，一个人找到老头，对他说："尊敬的老人家，我想把你的小儿子带到城里去工作，可以吗？"

老头气愤地说："不行，绝对不行，你滚出去吧！"

这个人说："如果我在城里给你的儿子找个对象，

可以吗？"

老头摇摇头："不行，你走吧！"

这个人又说："如果我给你儿子找的对象，也就是你未来的儿媳妇是洛克菲勒的女儿呢？"

这时，老头动心了。

过了几天，这个人找到了美国首富石油大王洛克菲勒，对他说："尊敬的洛克菲勒先生，我想给你的女儿找个对象，可以吗？"

洛克菲勒说："快滚出去吧！"

这个人又说："如果我给你女儿找的对象，也就是你未来的女婿是世界银行的副总裁，可以吗？"

洛克菲勒同意了。

又过了几天，这个人找到了世界银行总裁，对他说："尊敬的总裁先生，你应该马上任命一个副总裁！"

总裁先生说："不可能，这里有这么多副总裁，我为什么还要任命一个副总裁呢，而且必须马上？"

这个人说："如果你任命的这个副总裁是洛克菲勒的女婿，可以吗？"

总裁先生当然同意了。

看到这个故事之后你有没有突然感慨着什么呢？故事中这个聪明的人清楚每个人所需要的是什么，找到了正确的点获得了他人欢心的同时达成了自己的目的。在职场上也是如此，在中国最普遍的也是最俗的，获取他人好感的一个方法就是，送礼、送红包。有些人单单几句话就可以和周围人相处很融洽，而有些人只得不断送礼花钱去获取他人的好感，有的甚至即使送了也会被挑剔，倘若老板又是个大公无私，光明正大的人，还会起到极其不好的反作用。

职场上无论是白领还是蓝领，如果你的工作需要与他人接触，如果你有意想与周围人搞好关系，请仔细观察你的生活，观察周围人的小动作。从行为上了解他人，以便在交谈的时候有话题。与他人接触熟络的最好方法就是投其所好，当你们有共同的话题了，自然而然就会成为关系很好的同事。还有一个故事是这样的：

在某部电影中，女主角扮演的是一位保险业务员，好不容易见到目标客户后，对方却给了她一枚硬币，说是给她回家的路费。她感到非常气愤，在她扭头要走的刹那间，她看到客户的办公室里挂了一张小孩的头像，于是她对头像深鞠一躬说"对不起，我帮不了你了"。客户大为惊讶，急忙询问究竟，于是第一单生意就轻而易举谈成了。原来这个客户最宠溺他的儿子，所以把儿

子的画挂在办公室里天天睹物思人。

从这件事当中我所感受到的，是工作当中为了获得他人认同达到自己目的时，需要对周围环境的细致观察，以不变应万变，找到正确的切入点，将更容易得到成功。

## 如何管理下级 做有威严的上司

心理学上有一种叫刺猬效应，所谓的刺猬效应的含义，通俗易懂，指刺猬在天冷时彼此靠拢取暖，需要保持一定距离，以免互相刺伤的情况出现。这个比喻来自叔本华的哲学著作，它强调的是人际交往中的"心理距离效应"。刺猬效应的理论可应用于多种领域。在管理实践中，就是领导者如要搞好工作，应该与下属保持"亲密有间"的关系，即为一种不远不近的恰当合作关系。

刺猬效应来源于一篇古希腊的寓言：狐狸知道很多小事，而刺猬知道一件大事。将刺猬比喻为公司的领导，可以从一件十分复杂的问题中简化出单一有条理的理念，反映了对事物有更深刻的理解。西方当代思想家伊赛亚·伯林编著了一篇脍炙人口的文章《刺猬与狐狸》，提出了"刺猬型思想家"与"狐狸型思想家"。文章内容讲述的主要为：人类历史分为两种思想家：一类是追求一元论的思想家，他们相信世间存在而且只存在一个绝对真理，并为此不顾路漫漫其修远兮而一直上下求索，他们愿意将这个唯一性的真理贯透于万事万物，恰如刺猬一样，凡事都以一招应之：竖起它那满身的刺儿；另一类则是承认多元论的思想家，他们不相信世上真有什么放之四海而皆准的颠扑不破的真理，他们体察世间万物的复杂微妙，因此宁可自己陷入矛盾，也绝不强求圆融一统的真理，恰如狐狸遇事之灵活花巧、机智多变。

伊赛亚·伯林认为狐狸思维是"凌乱或是扩散的，在很多的层次上发展"，从来没有使它们的思想集中成为一个总体理论或统一观点。而刺猬则把复杂繁乱的世界简化成单个有组织性的观点，一条基本原则或一个基本理念，发挥统帅和指导作用。不管世界多么复杂，刺猬都会把所有的挑战和进退维谷的局面压缩成简单的"刺猬理念"。

从思想上掌握管理者的思维方式，语言上保持亲密

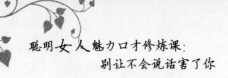

有间，态度上的温柔，用温柔婉转的话语指示，总比用强硬口吻的命令更容易让人接受一点，不是吗？动之以情，晓之以理。通情达理并不会失去一名管理者的威严和威信，换位思考一下，如果是下属想要一位什么样的领导呢？我想这个问题就会迎刃而解了。

我的老板是个非常好相处的人，在工作上如果出了错他会一板一眼的指出来，哪里做的不好，需要有待改进。平常的时候，他偶尔来公司一趟，都会跟我们闲聊几句。如果生病请假了，他知道了会告诉我们天干物燥多喝水多吃水果，还不忘用手指比出一个桃心。我并不会觉得他没有威严，毕竟我们的生杀大权还是掌握在他的手里，不就已经有足够的威严了吗？不过之前也遇到过很严厉的上司，有句话说眼睛是心灵的窗户，看着一个人的眼睛，他不经意间流露出来的神色，那时候我就知道我的老板并不是个可以交心的朋友，即使他一再在会议上强调，如果有什么问题或者困难，随时都可以找他沟通。

也是那一次的工作让我深刻地感受到了，如果一个人想为难你，他怎么都可以做得出来，最后的结局要不就是继续留下被为难着，励志有朝一日能升为比他更高级别的领导，或者全身而退，换个工作重新适应环境。

一个可以把自己员工逼走的管理者，无论官职大小我想都算是特别失败的人。举一个小的事例，是发生在当时其他同事身上的，她们小组有一个小组长，小组长看样子是新官上任三把火，年纪并不大，刚当上了组长就开始树起自己的威风来。那天新来了个女生就分配到他们组了。大约过了一个月，一切都很平稳，那女生干活也挺利索的，勤恳好学，相貌也干净端庄，挺受小组里的人照顾和喜欢的。这让组长看到之后有点微微的"吃醋"，总想着会不会有朝一日她爬到自己的头顶上，自己的位置不保呀。某一天来了个投诉的用户非常难缠，这种人谁都觉得为难，本来遇到这种用户举报投诉的都不会让新人来插手。

就看组长把新来的同事叫到一边，让她来适应处理这种困难的事情，称是万一以后当了组长要经常处理这种事情。组长自己都说，当了组长才会处理这种事，她却让新来的同事去做。这个女生也算是初生牛犊不怕虎，硬着头皮就上了，先是安抚用户，用户就是一副骂骂咧咧的模样，谈吐之间脏话满天飞。有点把她吓着了，组里其他人看不过眼了，就想上前去帮忙，组长立刻阻止了他们，傲慢地说："我就想看看她能不能处理好所有的事情，谁都不许过去帮忙，不然就留下加班。"

那女生可能也听到了组长说的话，转头看了看组里的其他同事摇了摇头，转身继续跟那个用户沟通，心想："反正，我好话赖话说尽了，你要是敢动手，我就找保安报警！"那用户估计骂了一堆，气也消的差不多了，同事微微一笑说："先生，说渴了吧，我给您倒杯水去？然后咱们好好聊聊怎么给您解决问题才是重要的。"用户摆了摆手："赶紧去！之前没见过你，新来的吧？"同事点点头："对，我新来的，看来您是咱这儿的老顾客啊！"说的那用户自己也笑了，喝了几口水，娓娓道来自己当初期望的是什么，结果没有达到想要的效果。同事听着用户的话，一边做着笔记。最后可算是把人哄好给送回去了。

组长看到这，拍了拍她的肩膀："做得还可以。"面无表情的就走了，组里其他人直夸她好样的，称那用户总是在不断地纠缠，次次都是组长处理，组长也没处理好。这事就被主管知道了，主管知道组长也是努力拼搏了很久才争取到这个位置，不想轻易抹掉她的官职，但是对新来的女同事满眼的赞扬，应该好好地培养。主管是怕组长多心，距离那事再有一个多月的时间，主管将她调到了其他岗位上。对她认真栽培，悉心教导，那天那个女同事突发奇想地偷偷问主管：

"主管，我问您一个问题，您认真回答我好吗？"主管笑了笑说："说吧，什么问题？别是问我今天中午吃什么吧？"女同事微微一笑："哈哈，才不是呢！我要是有一天比您官还大，您会不会嫉妒我啊？"主管揉了揉她的脑袋："正所谓青出于蓝而胜于蓝，我都这么大岁数，再过几年就退休了，我还嫉妒你？我巴不得你赶紧趁我在的这几年爬到我的头顶上去呢！"女同事摆出了个军人敬礼的姿势，并脚一站说："放心吧！首长！绝对完成组织派下的任务！"

故事当中组长的嫉妒，新同事的勤奋，主管的辨贤，在我们工作当中仅代表其中一小部分人。有的人觉得自己的努力别人看不到，有的人觉得别人比自己地位高肯定是因为私下有什么勾当，有的人觉得帮助一个合适的人对公司是有利的事。七情六欲人人都会有，有人说有的人努力了一辈子都不会成功，就会有人说如果不努力那一辈子连成功的可能都没有。

言谈举止说来说去源头都在于内心，被人赞扬宽容的人是因为他们的胸襟，被人赞扬善良的人是因为他们的慈悲，被人赞扬会说话的人是因为他们的情商。有些人可能会被他人说，自己也会觉得"我真是个没有情商的人"。爱看侦探推理小说的人就会知道，凡事不要轻

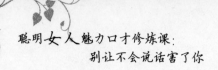

易定下结论，所有的结局可能都是那么意想不到。尝试着想想"我是个有情商的人"，说话前多考虑考虑。管理者如此，被管理者也是如此。

 ## 实力是主攻，也要让语言打好辅助

在工作上最能让老板感受到我们优秀的时候，一个是工作的质量，另一个一个就是演讲的力度。一份不好的企划案，无论说的多么天花乱坠，相信我，老板只会觉得你的表演很好，口才很好。一份好的企划案，说的不够详细没有深入到精髓，实际上在做的时候是饱满的激情和天马行空的想法，说的时候却平平淡淡。老板如果心情好一点，他会细看你做的东西，发现真得很好选择采纳。如果心情不好，大概在你讲的时候，就开始疲惫地打着哈欠给妻子发着短信了，或者他在想他们家的小宠物是不是周末要去宠物店做个美容了。

工作的实力和口才的表演都是必须的，就好比天才是要百分之九十九的汗水加百分之一的灵感，我认为一场好的展示需要百分之八十的汗水外加百分之二十的口才。真正包含的实力是最为主要的，在学生阶段口才是否优秀好像显得并没有那么重要，口才好的同学老师会夸奖："某某同学，说明的很透彻，很有条理，很棒，大家鼓鼓掌！"然而这对于成绩来说，好像一点用都没有。高考的时候有人让你在台上讲段话给大家听听吗？如果真的讲话了我想大概就是说："我对不起爸爸妈妈，我不应该作弊，老师原谅我一次吧！"眼泪鼻涕纵横交加地被赶出考场。

什么时候我们才能真正意识到说话的重要性？大学之后好像演讲的次数就会逐渐多了起来，会有专门培训的课程可以参加。当然还是免不了有些人，当着大家面，一句话都讲不出来，如果说当场就被吓尿裤子未免太过于夸张，夏天的空调屋里，汗流浃背那种闹心的焦躁感觉。有些人是真的怯场，有些人是上台不知道说什么，有些人用然后、嗯啊的语气词和连接词很多，种种迹象都表明上台表达是一种逾越不过去的困难。就好像前面是一个跨栏，明明你可以像刘翔一样飞过去，即使有点不确定助跑几步也可以成功跨越。那跨栏只到你的膝盖那么高，在那时候却跟摩天大楼一样高，终于鼓起勇气冲上前去，还是没有迈过

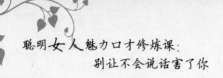

去。心里就开始想：我不行啊，这方面是我不擅长的，我做不到的。

没有什么做不到的，这句话谁都知道，1903 年，莱特兄弟创造飞机首次飞上了天空，1961 年美国传出发射阿波罗火箭人类登上月球的新闻。前前后后不到60 年，人类从飞到了天空到飞上了月球，还有什么是做不到的？

口才的锻炼很简单，平常多和别人说说话，在网络上也可以，结交不同类型的人在网上看看其他人交流的视频，哪种方式的交流让自己感觉到舒服，就将这项技能归纳在怀中吧。如果满脑都是好点子，那就更不怕说不出来了，把那些当时想的思路，挑出一些比较有意思的打一个文字草稿，这个草稿在当时写完时可稍做修改。美美地躺在床上睡一觉，第二天正常的工作生活，闲暇没什么事情了，打开这个草稿再做第二遍审阅。第二遍审阅或许不会改变太多的东西，看看哪里有病句再稍加治理一下，花上十分钟的时间做完就放下吧。继续做该做的事情，不要再去管它。回到家中，对着电脑念一遍这个草稿，对着任何东西都可以，声情并茂地朗诵它，如果发现哪里不太好还可以再接着改，哪里可以加点内容再贴补上，念三遍到五遍差不多就够了，给自己一个完美的姿势，幸福地睡一觉。

醒来准备好展示时的 U 盘、材料和自己的讲稿。切忌一直盯着讲稿看，它放在桌上只是一个提示，那不是曾经所背过的作文，而是真正属于自己的东西。无论如何，在上前展示的那一刻，告诉自己"我已经感受到成功了"。体会着这份喜悦去做，我并不保证一定会得到预期中的美好，但起码是要快乐的。这种心态的陪伴会助力于下一次的策划，积极就是动力。实力可以学，可以通过各种外界的知识来向更高层次继续培养，但是人的心态和表达能力是很不好改变的。人生苦短，想做就得做。

 **面试当中的头脑风暴**

对于刚从学校毕业的学生，或者刚刚接触社会的人们来说，如何面对同事，如何面对老板，如何可以更加融入工作环境，都成了心头的重要问题。我周围几个朋友都属于想得多的人，在刚刚毕业的时候，无数次幻想过自己的前程，自己工作时候的模样，未来的自己是

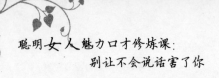

什么样子的。人生就像一直在做一个循环，幼年的时候想着未来要当科学家，要当超人，要当明星。当真面对就业问题的时候，一头雾水，惶然无措。有的根据自己的专业，茫然地挑了几家单位招收与自己专业对口的岗位，有的则根据自己父母的意愿，选择国企的单位或是外企的单位。精心花费几天时间规整出一份漂亮的简历，投放到几个公司的邮箱里，被回绝几个，有几个约了面试的时间。

面试就成了一个问题，要怎么回答面试官的问题呢？要怎么让面试官觉得我是可以被录用的那个呢。面试的时间很短，需要在短时间与考官的交流过程中让考官可以充分地了解自己的能力。面试分为几个类型。

问题式：招聘者按照事先整理好的问题对求职者进行发问，请予回答。这个的目的在于观察求职者在特殊环境中的表现，考核其知识与业务，判断其解决问题的能力，从而获得有关求职者的第一手资料。

压力式：招聘者有意识地对求职者施加压力，就某一问题或某一事件作一连串的发问，详细具体且追根问底，直至无以对答。此方式主要观察求职者在特殊压力下的反应、思维敏捷程度以及应变能力。

随意式：即招聘者与求职者海阔天空、漫无边际地进行交谈，气氛轻松活跃，无拘无束，招聘者与求职者自由发表言论，各抒己见。此方式的目的在于闲聊中观察应试者谈吐、举止、知识、能力、气质和风度，对其做全方位的综合素质考察。

情景式：由招聘者事先设定一个情景，提出一个问题或一项计划，请求职者进入角色模拟完成，其目的在于考核其分析问题、解决问题的能力。

综合式：招聘者通过多种方式考察求职者的综合能力和素质，如用外语与其交谈，要求即时作文，或即兴演讲，或要求写一段文字，甚至操作一下计算机，等等，以考查其外语水平，文字能力，书法及口才表达等各方面的能力。

以上的几种面试类型是根据比较常见的粗略地进行了分类，而在现实真正的面试过程中，招聘者可能采取一种或同时采取几种面试方式，也可能就某一方面的问题对求职者进行更广泛更深刻即深层次的考察，面试的目的是唯一的，是能够选拔出优秀的应聘者，归入旗下。

面试的种类繁多，看着不禁让人压力很大，对于新入社会的菜鸟们来讲，既然面试的目的都是挑选优秀的

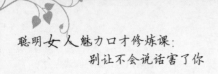

人才，首先是提高自己的知识涵养，让自己更加优秀，其次是要研究一下面试的时候要如何回答问题了。

我曾经参加过一场面试，作为考官的角色和同事一起面试一位有意入职的青年，那位小伙子24岁，他最初是想面试客服。在回答问题过程当中，他很很犹豫不决，先是说想入职学习，老板一口回道："我这里不是学校，我需要的是员工，不是学生。"当时由于是招两个岗位，产品助理和客服，他在面试表当中写的却与他所说的目标完全不一样了。首先以他的阅历来讲，他是属于大学中途辍学的，大学专业选择的是体育专业，辍学后就入社会参加工作了，据他所称是认为所学的专业并不能提升他的能力。当时我便对他印象不太好了，所谓中国人来讲的话，好歹毕业可以混个文凭，总比现在一瓶子不满半瓶子晃荡，学历上面里外不是。撇去学历先不说，再看这个人是否有那个能力呢？

问他想做什么职业的时候，他回答说："我做什么都可以，吃苦耐劳，我现在还在学写一些代码。"这个回答让我们都很不满意，老板更是觉得，你都不知道你来干什么的，什么做什么都可以呢？在技术部门有一些工程师，有一个专门的QQ群，程序员业余时间录了一些教学的视频，全当是消遣也为了方便新手学习。于是老板问他："那你代码学的怎么样了？"他回答："刚入门，有一些问题还不是太懂，也不好总麻烦群里的人咨询。有的时候上午问一个问题，下午才有人回答。"老板便讲："如果你真的想去学，哪怕在群里问了没人回答，一个一个私聊他们呢？哪怕是被人烦了拉黑了，群里那么多技术总有一个人会好心回答你的问题吧。就算所有人都不回答你，你也可以从很多其他渠道当中找到答案呀。"他大概是看到了老板的语气不太对，极力解释道："这个我懂，可有的时候上午问了一个问题，下午甚至是第二天才给答案，那么我中间的时间要怎么办呢？"老板就笑道："Who care？谁会在乎你去干什么，如果你真心想钻研一件事情，想去学习一件事情就要耗费全部的精力。别人回答你了，那是善良，不回答你，也没有罪过。这些教学都是免费提供给大家的，你要真想细致的学习，也可以在外面报个学习班。我们跑题了，我看你的样子是想学习代码，那你就先回家好好学习学习吧。等你有一天学有所成再来我们公司面试，我敞开大门欢迎你的到来。"

这场面试显然是以失败告终了，这其中透露了几个比较重要的问题，面试当中切忌不明确面试岗位，例

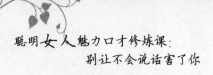

如，故事中这位青年觉得做哪个都行，重要在于学习。面试当中谈起是为了学习，这可千万不要。别以为这会体现出你多么勤奋好学，学习放在行动当中，在职位上更应该有能力独当一面，而不是所谓的"学习"。公司不是学校，每个人都在忙碌自己的事情，更不会有人会手把手的教导，除非那种是由导师带领入职的，那就是另一码事了。自己没有将一件事情持之以恒的做下去的时候，最好不要提起，如果遇到严厉的面试官，恐怕是将会被问的毫无反击之力。失败的事情可以提起，重点是对错误的积累，和有没有做过弥补的措施。人无完人，领导是可以理解犯错的。故事当中的青年，以问的问题没有人做出回答为借口，认为这是自己没有学会或者是学习缓慢的理由。当时听到这里我都有点笑了，Who care，人生和路都是自己选择的，除了亲人真的有谁会在乎你的前程、你的理想和报复呢？每件事都要自力更生，才得以丰衣足食。

面试过程中总结出几点，明确自己的目的，知道自己需要做什么想要做什么，简明扼要地表达出自己的优点与不足，成功和失败。在短时间内可让面试官充分的了解自己的能力，面对面试官的各种问题是否可以随机应变的回答，这则是充分考验一个人的机警和智商了。

当然也不用把面试想的太过复杂，也用不着太过于紧张，拥有平坦的心态，不焦躁不骄傲，不自卑不自嘲。积极向上的应对每一场面试，失败了不要紧，重要在于对失败原因的积累和分析。在一次次的深思熟虑中改善，就不用害怕担心找不到一个好的工作了。机会总是给有准备的人，得到机会的人更是那些在磨砺中爬起来的斗士，不是吗？

 **如何说话老板可以全盘接受**

面对上司与之说话的时候，刚入门的菜鸟们就会引发其内心的一种紧张感，如何化解这种感觉，可以游刃有余的顺利与领导讲话呢？古有言：良药苦口利于病，忠言逆耳利于行。这句话来自论语，前半句说良药苦口利于病，在没有西药胶囊等直接口服药的时候，我国只有中药，喝过中药的人都知道那个味道既不好闻，也不好喝，可却能非常有效的治疗病情。忠言逆耳利于行，这句话偏向于教导，所谓忠言实际是从自己主观意识上认为是对的道理，转而告诫他人的。当这个道理让别人并不是那么愿意接受的时候，称为逆耳，但有些道理又实际是可以产生良好作用的，才作为利于行。

那么面对领导的时候，假如领导认为某件事在他看来就是正确的，然而在实际你的观察当中并没有理想当中的那么美好，想要去劝解领导的时候，此时忠言容易逆耳，是否利于行则全看老板是否真的接受了。那么如何说话可以让领导更容易接受呢？我们在工作上常会说有那么一种人，总是在老板的耳边吹风，俗称为"拍马屁"，哄领导高兴，顺着老板说话，是老板的"狗腿子"。现在的老板已经不像过去的老板了，精明的老板心里如明镜般清楚，一举一动、一言一行都在老板的眼皮底下看得清清楚楚。这种人或许不会受到老板的指责，更或许有照顾，但相比那些可以明确指出错误的优秀员工来讲还是差一些。每个老板更喜欢的当然是可以给他们带来更大利益的人，那么要怎么做呢？

首先态度要诚恳，说话语气不同都会导致说的话意味不同，保持诚恳的态度是必须要做的，即使是天大的发现和极其优秀的想法都需要不张不扬。前面我们说忠言实际是为从自己主观意识上认为对的事情，那么既然是从主观引起，最先考虑周全的便是这个想法的真实性、可靠性和必要性。从多个方面来思考以把握住所想的这个观点是真的可行的，也是为了在说的时候底气更加足一些，在老板反驳的时候可以有充分的内容证明自己的观点是正确的。做好充分的准备后，面对领导的时候心里不要慌张，有理走遍天下，此时准备充分的你便是那个有理的人。既然有理那就不怕对方反驳，交流的过程中多观察一下领导的面部表情和肢体动作，如果看到领导有些不耐烦的做别的事情了，说一些废话缓解一下气氛，也可更容易让领导倾听。那么禁忌就是，尽量简略自己说的内容，挑取重点表达。如果领导问起来有什么依据没有，将所准备好的论据和事实等一一罗列出来。

还有一个问题就是，突然遇到领导了要怎么与之交流呢？我听过这样一个故事。

刘玉是一家公司新入职的职员，周围的一切还都是陌生的。面试官是领导，所以在这里第一个认识人就是领导，大家亲切地叫她王姐。王姐是公司的老员工，已经干了 20 年之久。员工上上下下都知道她，人很亲切，做事很有效率。可王姐却独独长了一张冷漠脸，她很少笑，但其实是个很会玩冷幽默的人，也很喜欢讲笑话逗乐大家。新来的刘玉不知道王姐是什么样的人，人不生地不熟的，她对周围都莫名的有些防备，对领导也很恐惧。有一天突然在厕所遇见了正好在洗手的王姐，刘玉不知所措的说了句："王姐好。"王姐看了看她淡淡说："你好呀。"刘玉看着王姐面无表情的，还以为自己说错话了，正在慌乱的时候，王姐说："来到这里感觉怎么样？工作还顺利吗？"刘玉磕磕巴巴地说："嗯，嗯，挺好的，都挺好的。"王姐看着她说："害怕我吗？我能吃了你？"刘玉干干地笑了几声："不，不是，我没害怕。"王姐说："你新来这里还有些不懂的，你可以问问张恺，张恺不会的你可以问问杨娜，他们都是好说话的人，你虚心点问都会回答你的。"刘玉小心翼翼地看了看王姐说："好的姐我都知道了。"王姐笑了说："别怕我，全公司上下就数我最不可怕了，有什么困难跟我说，去吧好好干活。"刘玉这才笑开了说："好的王姐，再见！"

故事当中的王姐作为领导有自己的威严，但不失亲切，属于比较好说话的领导，我想在生活中遇到这样的领导都很庆幸，也是很愉快的。可有的领导就不这样了，比如下面这位。

　　王国天是一家电脑维修店的店长，店里一共有十几个员工，分别管在店内维修和上门维修。在王国天当店长的这段时间，员工已经换了好几次了，多为理由："我凭什么要在你这受气，老子还不干了！"原因是什么呢，王国天对待自己的下属极其严厉，为了让店内可以达到指标，更是让员工多次加班，平常还经常指责他们哪里做得不好，哪里做得不对。更有的时候王国天会因为自己的事情，到店里对员工发火。这都让员工们受不了，索性大家谁都不理他。人都有各自的脾气，真把人说急了，大不了就是辞职，有的觉得这里的薪资还是可以达到自己满意的标准的，便受气在这里勤勤恳恳地干着。

　　有一次，由于店内员工记录设备的时候，发现少了一个路由器，到处找都没有找到，这可是急坏了。告诉到王国天那里本以为他会大骂一顿，没想到他好脾气地说："实在找不到就算了，再买一个吧。"这令大家刮目相看，往日的记恨也由于这句话稍微记住了他点好。后来路由器是找到了，发现是被某个员工忘在角落里了，王国天看了看只是说："找到了就放好了吧，别有下次了。"但是他在过分的时候是实在招恨的，说员工不思进取，总是让员工加班，没有加班费不说，

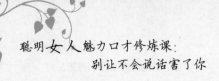

不加班还扣钱。背地里大家都互相指责领导，面对领导的苛刻，很多人选择了沉默，久而久之了解领导的脾性之后，就更知道说什么顺他的口味，什么时候沉默是金。

领导也是不同的人，不同的性格，不同的领导方式，就像和不同的人交朋友，所要做的便是努力和领导做朋友。充分的了解更利于贴近老板的生活，从而缩短与老板之间的距离。不在背后与他人讨论关于老板不好的事情。

## 多与同事交流，投其所好

每到一个新的环境，最快速、最便捷的融入方法，非与周围人交流莫属了。认识及与他人交流的重要性。不知道要做什么、不知道公司的工作模式是什么、不知道哪个是领导等，这几点如果看起来比较严肃，又或者不知道午休的时间是几点到几点，不知道公司周围哪里吃饭比较方便等。这些未知元素在新入职的第一天，都在冲击着我们的头脑。这时候如果只是闷不吭声的静静地坐着，那就显得太过愚蠢了。

林安刚从国内知名的一类大学毕业，在学校里他是老师们最得意的学生，成绩优秀，无不良嗜好，有个很大的缺点就是性格比较内向，不太爱说话，也就是我们俗称的"闷"。毕业后的第一份工作，让他沉痛的碰了一次壁。

那是一家较为出名的外企，他规矩严谨的在大学生招聘会上投上了自己的简历，并且如愿以偿地得到了面试的资格，面试也很容易地通过了。在他刚入职的第一天，就出现问题了。那是一家广告公司，对于广告的企划都是精益求精，为了展现更好的作品，老板是从每一个优秀的企划案当中挑选更优秀的，有点鸡蛋里挑骨头的意味。林安的职业就是为了创造作品，公司内的竞争很激烈，当知道林安是新来的，即便知道也都很少主动与之交流，更多的是在忙碌自己的事情，当然也有可能是装作视而不见的。

领导简略的跟林安讨论了一下他的工作，林安即使不懂也没有深问，就结束了这次谈话。回到工位上的他，环视着周围的人。有的人盯着电脑，敲打着键盘；有的人翻阅着手上的文件，一边拿笔勾勾画画；有的人喝着一杯热咖啡，在座椅上悠闲地看报纸。林安看着空无一物的桌子，电脑的 Windows 系统桌面，有些迷茫自己要做什么，从什么方向开始下手。可他看着周围人好似都没有时间跟他说话，记起包里有一本书，就拿出书来阅览起来。

这样大概维持有三四天的时间，领导在 QQ 群布置任务的时候，突然想起了新来的林安，问起林安是否在群里。群里鸦雀无声，领导便叫林安到办公室一趟。林安迈着健步走到了领导的办公室敲了敲门询问之后，进去了。领导亲切和蔼地说："来，坐这儿。你是前天来的，对工作和环境有什么疑惑吗？"林安想了想说："我现在不太清楚我要从什么开始下手工作。"领导问："你没有看看周围的同事？没问问他们？"林安有点不好意思地说："没有。"领导："那么这三天你做了什么？"林安说："看一本专业书。"领导："这三天一直在看书？"林安："是的。"领导有些恼火地问："我招聘你来是工作的，不是给你提供一个地方让你来看书学习的。你觉得你应该做些什么？"林安羞涩地挠了挠头说："对不起，我知道我应该做策划，但我还不太熟悉公司。"领导悉心地讲道："像你这样的年轻人，不要总是害怕跟别人说话，和同事聊一聊他们在做什么，不会有人不回答你的。我很忙，不能够时时刻刻照顾你的，懂吗？如果你自己不主动一点，要不是我想起来你，估计这一礼拜你的工作就是个 zero。"林安说："好的，那我想问一下您，我现在应该要怎么做，做什么呢？"领导整理出了一份文件递给了林安说："好好看一看这个，这是你要做的，月底之前我要看到成品。另外你加一下公司的 QQ 群，平常多跟同事交流交流。"林安拿好文件之后又听领导嘱咐了几句就回到了工位上。

想起领导说的话，林安转头轻轻地和坐在旁边的同事打了声招呼："您好，我叫林安，是新来的。"同事听到声音，转头对他一笑："啊，你好啊，我叫柳泽西，叫我西瓜就好，大家都这么叫。"林安突然觉得好像跟同事相处也不是那么困难，于是在平时工作的时候，与西瓜的交流当中，渐渐也对公司更加熟悉了一些。在工作上面他也完成得很好，常受领导的赞许和表扬。

在职场上与同事交流是必要的，那么有哪些需要注意的点呢？

第一，与他人交流的过程中，不要谈论自己的心事。在一些人看来，与他人讨论心事是最容易让两个人关系密切的一种方法了，可这也是注重场合的。在工作的地方，实际是很难交到真正的朋友的，过于频繁地与他人讨论心事，不但会遭到别人的反感，更甚至利于丰富别人在背后说自己闲话的题材了。害人之心不可有，防人之心不可无。明确同事就是同事，工作就是工作，不要过于越距，也是对自己的一种保护。要知道如果有了利益相争，友谊还能保住吗？那些所谓感天动地情比金坚的故事都只是在童话故事中出现罢了，在现实当中就撤去那些幻想的情节吧。

第二，有思想有主见，我见过有部分人群，从小到大做一名乖乖的孩子，听父母的话，遵从父母的指示做好每件事情。这无疑是培养出了一种奴性，有些人觉得奴性很强的人，在某一天释放积累在内心的所有情绪会变得疯狂，有些人则觉得奴性越来越强烈的人群会失去主见意识，明明不比别人差甚至做事情更加优秀，单单是因为没有主见，就大打折扣了。而这些奴性强的人群，在社会当中就是属于受欺负的一类了。多加思考，多为自己活着，偶尔以自我为中心做一些事情，也没什么不好。

第三，不要在背后说闲话，在公司里无论认为跟另外一个同事关系多么亲密无间，这种行为也千万不要有。我认为这是属于道德品质一项的，在背后说人坏话，总有说者无心听者有意，不怕一万就怕万一，人家说出去了，多少对自己的影响都是不好的。只要不做，那就没有这方面的担忧啦！

第四，委婉的表达。上学期间都会有参与过辩论会，或者形式类似的活动。各有自己的观点主见，又要反驳对方观点的不妥当，通过各个方面来证明自己是对的。在工作中就像家常便饭一样，别人的道理总会有让自己觉得不满意的时候，这时候反驳的话语更容易带有当时冲动的情绪。控制住情绪可不是一件容易的事情，那么试着不要太强调自己是对的，有的人说话特别容易让人信服。主要原因是，诚恳的态度，柔中带刚的语气，最重要是理由一定要充足，则更是锦上添花，这才容易得到他人的同理心，自然而然就容易被信服。一味地强调自己是对的，那就好像小孩子在抢玩具一样了，显得无理取闹惹人可笑，更是得不偿失。

人无完人，能将以上四点做到完美无缺的人我是强烈崇拜的，一定是职场中的高手精英，不过我想每个人都要有一颗包容的心。难免会在行为和言辞上会人心生反感的人，能包容则包容，倘若触犯到底线也绝对不要手软。包容不是放纵，真诚希望每个人在职场当中可以鹏程万里，马到成功，顺顺利利。在工作当中扬长避短，取得一个满意的成绩。

# 第九章

## 不可忽视的亲情，家是避风港

## 说错话不可怕

当碰到三姑六姨亲戚长辈，领导上司同事下属，朋友配偶陌生人，交流沟通的时候，难免会因为冲动导致说错话，意识到自己说错话了要怎么办呢？说错话最通常的原因是，说话比较直，想什么说什么，不经思考脱口而出，另外一个由于情绪原因，情绪不好导致说出的话过于偏激，造成尴尬的局面。那么如何有效解决掉说错话的问题呢？

举一个真实发生过的例子：张莉莉是一个大学刚毕业在社会上拼搏的女青年，忙碌一年了，过年回到家里，好不容易终于可以在家放松下来了。可是还没有男朋友的她却被亲戚为难得不行。姑姑："莉莉呀，都 24 了怎么还没找到男朋友啊，要不要姑给你介绍一个。"奶奶："莉莉呀，你都 24 了，我像你这么大的时候，都

有了两个孩子啦。"邻居："莉莉你还不找男朋友呀，我闺女23岁的男朋友有车有房长得又帅，用不用帮你介绍一个？"……莉莉："用不着你们操心，该干吗干吗去。"亲戚邻居看到莉莉如此态度，不得以散了，嘴里却嘀咕："母老虎，怪不得找不到男朋友。"

从这件事情当中，张莉莉的回答固然有些冲动，但是亲戚邻居的问题说法也着实令人十分为难，如果你遇到这样的亲戚朋友，如何巧妙地止住他们的嘴，又可以安然的逃离开这个尴尬的问题呢？你可以选择微笑以对。"谢谢您的关心，感情的事情其他人是无法参与的，我会多加注意的。"以尊重和委婉的态度回绝亲戚邻居的话语，如果您的亲戚朋友还一再刁钻的询问，保持微笑就当作没听到吧。

你在什么时候最害怕说错话呢？有这么几种情况：面对上司领导的时候说话小心翼翼，对于领导的发问战战兢兢，生怕说错话。遇到喜欢的人的时候，害怕说错一句什么引得对方的不满。遇到崇拜的人的时候，浑身发紧冒冷汗，不知道要如何与对方交流，担心说错话等。

从以上三种情况我们发现，害怕说错话主要是在当你把自己的身份放低，放大且抬高对方的身价的时候，就会变得卑微，连一个小动作，说一句话都会特别敏感。太在乎对方的想法和感受，导致言语不顺畅，大脑放慢了思考，如第一次面对百人上台演讲似的。

有这样一个故事：

昨天去领导办公室汇报工作，分管老总是个 50 岁左右的女的，正在看一个女孩的照片。

是个职业装！照片里的女孩长得还不错，但不是我喜欢的类型。

见我进来，她随口问了我：你看，这女孩怎么样？做形象大使的。

我想我一个有家室的人，怎么好在领导面前对女孩来评头论足，至少要内敛点。

于是，就随口答道：一般般，还过得去。领导哈哈大笑，补上一句：这是我女儿。

顿时，我感觉我的天空一片灰暗。都不知道怎么接话了。

故事中的男主角稍微有一些敏感，仔细分析来看，领导的哈哈一笑体现了领导是个宽容豁达的人，她没有怒目圆睁也没有责怪男主角，正体现出领导实际并不在乎男主角的答案是不尽如人意的。生活中有小心眼的人也有宽容的人，千万不要想太多，也不要不去想，凡事都有一个合适的度。如果你也像故事中的男主角,及时说个对不起,或者说点别的什么能让对方忽略到之前说错的那句话就再好不过了,如果你会越说越乱那就保持沉默不要再多言语,静静地聆听即可。是小心眼的还是宽容的,在生活中会体现的很明显,勤于观察周围人的言谈举止,知己知彼才能百战不殆。

学会冷静,深呼吸,脑内试着想一些可以令你感受到自由舒畅的,例如,思考大自然,绿色的草坪,湛蓝的天空,清新的空气。尽力想一切可以让你享受和舒服的环境或事情。如果你大脑一片空白什么都想不出来了,试着把对方看在和自己平等的位置上,注意礼节礼貌,坦诚告知对方自己的想法。如果你觉得有什么不妥,句尾可加上"如果给您带来不好的印象,请原谅我的冒失"。我想对方即使不是一个宽容的人,也不会拒绝有绅士风度的你,反而对于你的态度还会更有所满意。

找一个合适的角度表达自己,切记礼节和尊重,做一个有气质而绅士优雅的人,做好自身的本职工作。如果你真的说错话了,也会得到对方的理解和宽容。真的说了那些无法挽回的话,请善于利用"对不起"。如果对方是极其刁钻而不接受的话,还有最终的秘诀,投其所好，来弥补自己的过失吧。

 ## 亲情不应冷清，用语言燃起温暖

人们爱自己的母亲，不由自主，直到最后分离的时候才发现这种感情已深入骨髓。（莫泊桑）

孝在于质实，不在于饰貌。（《盐铁论·孝养》）

我们每个人都有自己的家人，父母，姐妹，兄弟，等等。有些有血缘关系的亲人，可能我们一生都不会见过一次。血缘？我想这并不能很好地去解释亲情，不是所有带血缘关系的都跟我们有亲情，也不是所有带有亲情的就一定有血缘关系。

有些生活所迫，成年之后工作在异地，与家人分离，无法在亲人面前尽到孝心。我们都渴望着一直与父母在一起生活的时候，总是有那么些不可挡的因素，阻挠着我们。我们不得已与家人分开，不得已为了生计忙碌在每天的工作里。久而久之，与家人的联系越来越少，甚至过了很长时间都没有回家去探望一次，过年的时候无法跟家人团聚。不埋怨是假的，可在异地又如何

得以尽孝呢?

　　现在比过去好多了,科技发达的社会当中,有电脑,有手机,有各种电子设备,相隔万里可以用电话听到对方的声音。我想会有一些人说"一天那么忙,哪有时间呀"。是不是借口我想都心知肚明,有十分钟抽根烟的工夫,也可以给家人来一个电话了。若说外面的世界繁乱嘈杂,家总是我们安心的避风港。

　　我想真正离开家的人才会开始去想家,思念家人,反复回忆家庭的温暖。而那些还处在家里面的,相反会更不懂得这份痛苦,故也不会有所感触了。浸在蜜糖罐里的,不知道蜜糖有多甜,在井里面的青蛙,不知道天有多大。失去了再懂得珍惜,不如从现在开始珍惜重视周围的每个人。

　　我曾经看到一篇国外的文章,男主伊万像其他的孩子一样,18岁考上大学之后离开了家乡。他的家乡是一个僻静的小村庄,家里有一个很大的牧场,靠卖牛奶绵毛等一些东西生活。他是家里唯一的男孩子,另外还有两个姐姐和一个小妹妹。姐姐们都已经嫁到远方,妹妹还在上高中,他就成了为父母扛起牧场生意的顶梁。

　　他学习不算很优异,更多闲下来的时间没有用功去看书，而是帮着打理牧场的生意，从小他就受过父亲的训练，早就对这些工作流程十分娴熟了。可他也跟所有的年轻人一样，拥有着自己的梦想和向往，在他考入大学之后，他甚至想，终于解脱了。他的大学在离村庄有五个小时路程的另一个城里。他选了他喜欢的专业，他喜欢诗歌，喜欢文学，喜欢泰戈尔，喜欢叶芝，喜欢莎士比亚。很难想象这个平常做粗活的少年，喜欢的竟然是如此细腻的文学。他的乖巧好像就此瓦解，从未享受过自由的男孩子好像要展翅飞翔了。

以下是他和父亲谈到自己理想的时候：

"爸，我长大了，我想去做我喜欢的事情。"伊万小心翼翼地说。父亲："在牧场有什么不好？你觉得写写字能喂你吃饭吗？写写那些酸不拉几的文章能卖几个钱？你就不能像我一样，像个男人一样吗？""我知道你不会理解我！我不明白这样怎么就不男人了！我不想跟你一样成天就在这一个地方一直到死！"说着伊万的爸爸用木条抽了他："你想要离开这个家，你就滚，以后再也别回来！"

显而易见谈崩了，伊万和他爸爸都怒不可遏，伊万甩门就离开了。在去往学校的路上，伊万想以后再也不回那个家了，别以为这样能威胁到他什么，他一定会完

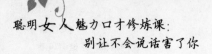

成自己的理想。

这一走就是三年，这三年里伊万打过很多零工，做过很多份兼职，为了上学还有一些日常的开销，还有一些在牧场干活攒的积蓄，独立生活倒也还算可以。这三年里他无时无刻不想念着家，父亲在这三年里与他从未有过联系。他每周都会按时给母亲打电话，母亲对他阐述着对他的思念，和父亲的情况。

父亲得了很严重的腰椎间盘突出，睡觉的时候经常会疼醒，母亲劝过他几次要他去医院看看，父亲执拗的性格，和对医生的偏见，除了第一次去看过一次片子，被医生下了判决说以后很有可能会瘫痪在床。伊万很担心父亲，旧时的怨怼早就烟消云散了，自己在这三年里，阅读了大量的图书，参加过一些青年文学大赛。小有成就的他，得过很多丰厚的奖励，想想是该回家看看了。可当年父亲用木条打他的模样，喊他滚出家门的画面又在脑海里浮现了出来，他不知道该怎么去求得父亲的原谅，在这三年里他从母亲那里关注着父亲的动向，每当听到电话里母亲跟父亲说："伊万的电话，你要来说几句吗？"都会传来父亲冷漠无情的声音："谁是伊万？咱家没有叫这个名字的人。"

伊万一拖再拖，犹豫再犹豫的就这么过去了三年，却总没下定决心回家看看。他想用他的证书拍在桌上给他的父亲看，证明自己的实力。他想用他丰厚的奖金告诉父亲，他做自己喜欢的事情可以挣到钱。他想用他的文章给父亲，告诉父亲他铿锵有力的文笔，他精彩有魅力的故事。可他什么都没做，他躺在床上，呆愣地望着天花板，嘴里念叨着："这个固执的老头，我要怎么跟他说，明明是他错在先，还要我去道歉。这太不公平了吧！"伊万苦苦地笑了几声："腰椎间盘突出，这可怎么治，这是什么讨厌的病症啊，干吗要降临在父亲的身上。他是个那么虔诚的人，会照顾家人打理牧场，从来都没跟母亲吵过架的男人。上帝你瞎了吗？"

伊万决定在周末回到家里，无论是不是被木条抽，或者被更严厉的暴力对待，他都决定，他要回家看看父亲。他想着家里的羊羔是否都很听话，奶牛的奶是否还像以前醇香。母亲是不是系着个白色的围裙穿着一件蓝色的朴素裙装。妹妹有没有听话，交没交男朋友，男朋友对她好不好。伊万想着家里的一切，很快就回到家了。他走向牧场看见母亲站在那里远远的朝他招手，看样子像是站在那里很久了。他跑上前紧紧地抱住母亲，再也无法抑制三年的思念，眼泪夺眶而出。

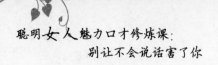

　　母亲颤抖着声音说："我的小男人，你可算回来了，先回家吧。"走进家里，看见父亲卧在沙发上看着棒球比赛。对于回来的伊万，仿佛没有看到。伊万走到父亲旁边轻声叫："爸爸，我回来了。"父亲装作没听到，沉默地看着棒球，面无表情。伊万提高了点声调："爸爸，我回来了！"父亲安静了一会，摆了摆手说："行了，你当老子上年纪听不到吗？快去吃饭吧！"

　　父子之间的矛盾早就烟消云散了，只是父亲倔强的脾气和伊万的胆小，让两个人三年没见。伊万在劝父亲去医院看病的时候，又争执了一番，最后以伊万答应将来继承牧场的条件父亲才答应去医院的请求。伊万心里不禁想："这个老男人不是为了让我继承牧场装的吧。"每周定期的看医生，加上治疗，父亲的疼痛已经得以缓解，不至于站一会腰就很疼。父亲在卧病的时候，偷偷看了伊万写的故事和文章，忍不住跟随着剧情的推动，面部有些丰富的表情。在伊万写的一个长篇推理故事，由于还没有完结，父亲在看完之后忍不住咒骂了声："这臭小子啊！后面发生了什么！到底谁是凶手啊！真是要急死我了！"

　　伊万看着父亲这样，笑得眼睛弯弯的，从心底散发着快乐，没有什么比被父亲认可更让人值得高兴的事情了。他会在休息的时候抽空回到家里帮忙打理牧场的事情，一边他想着写一写自传，写写自己的父亲和母亲。他想他是最幸福的人了吧，可这些都在一次突然当中瓦解了。

父亲在爬梯子的时候不幸摔落，脑袋磕到了地上的一个石头，去世了。家里充满着悲痛的哭泣声，伊万在知道的当天立刻请假赶回了家里，看到眼前的一切和躺在棺材里的父亲，他一句话都说不出来。眼泪随着眼角滑落，渐渐的由低声啜泣变成了号啕大哭。父亲的葬礼死寂一般的气氛，母亲和姐姐妹妹们哭泣着，其他的亲人也默默地低下了头。他把那篇父亲没有看完的，自己最新写完的故事，放在了棺材上面，亲自铲土埋葬了父亲。

之后的几个月里，伊万都没有缓过劲来，他回忆着与父亲在一起的时光，他怀念着和父亲的嬉笑打闹，甚至那些拌嘴和吵架。他唯一后悔的是没让父亲看完那篇故事，唯一后悔的是没有尽快地赶出故事的结局让父亲看到。

亲情是我们生活中最温暖的，人与人之间的感情，绝对的信任，绝对的温情。也是最值得我们去珍惜爱戴的，我们用语言为桥梁与亲人沟通。时而闹脾气，时而

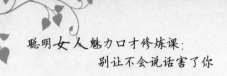

难过，总要常回家看看。父母大多想的都是"我的孩子我自己骂可以，别人骂绝对不行"。从小到大，是家长的爱护，家长的培育把我们从一个懵懂的孩子养成一个懂事的成年人，我们或许都对父母怨过，都对父母恨过，可经久不息的是我们对家人的爱。可又由于太亲密了，生活当中却对这份爱又疏忽去表达。距离即使阻挡了我们拥抱，但距离是无法阻挡我们用语言去表达。我们没有哆啦 A 梦的传送门，但我们有电话，我们可以电脑视频，太多的现代工具可以让我们缩短距离。希望每个人都可以获得更多的幸福，也希望每个人有爱就说出来。

 **如何诠释爱意，让家人感受爱**

对于爱的表达看似简单，实则更看重细节。那些嘴上说的"我爱你"，早已变成了家常便饭，听腻了或者听习惯了，味道就显得单调一些了。在我国离婚率逐渐提高，如同国内有个知名漫画家的漫画上所说"爱情的巨轮说沉就沉"。如不追究时代的问题，光是从决定与另一半结婚，到放弃婚姻的这段过程，最直接的原因不过是"过不下去了"。

那么是什么导致"过不下去了"的现象发生的越发频繁呢？我想比重最大的就是宽容，容不下对方了，离婚分手。另一方面或许是"不爱了"，我们讲爱情是需要经营的，其实无论是爱情是亲情还是友情，都需要我们稍微动动脑子。

比如，在友情上面，纵然是再好的朋友，总是揭对方的短也会被讨厌的。在亲情上面呢，那就更好说了，父亲："儿子，回家吃饭吗？妈妈给你做了好多好吃的。""不了，忙着呢！"在爱情上更好举例了，女朋友："我感冒生病了。"男朋友："多喝点热水！"卒。

有人可能会想，怎么这么麻烦啊，这样活着多累啊。那么就看你是否想得到了，有很多习惯是可以被改掉的，习以为常的时候就不会再觉得辛苦了。比如，每天都在吃饭，饿了自然就要吃，日复一日的每天都在吃，如果你想吃饭好麻烦啊，那饿死我觉得都没人心疼。别让懒惰占据了生活的大比重，拒绝懒惰，从你我做起。

每个人在家里的生活是很少的，想想小学一直到大学，上学时期结束之后又开始了上班模式，每天在外工作 8 个小时, 这算是最少的。劳累一天回到家里, 跟家里人也说不上几句话, 吃个晚饭则又开始做自己的事情了。这幸而还是可以回家的, 更多在外漂泊的工作党们, 跟家里的联络更是少之又少。沟通的大幅度减少, 最主要的会让我们彼此了解的少, 在更多观点上的不一致容易起冲突, 和家里人争吵, 这就得不偿失了。天下慈父慈母的心都是一样的, 惦记着孩子的安危, 生活的好不好, 有没有受委屈。古时候书生进京赶考, 以书信形式寄给家里, 阐述着自己的思念情怀。到了科技发达的现代了, 一个电话的时间都没有, 我就不太相信了。

在友谊方面, 沟通的重要性表现得更为明显, 我想每个人几乎都有在上学时期, 无论是小中大, 厕所一起上, 作业一起写, 无话不说亲密无间的铁杆朋友。毕业之后万分不舍的留了联系方式, 随着时间的变革, 与昔日的好朋友交流越来越少, 最后形同陌路, 有的甚至再见面都不会打招呼了。虽说这和环境变了也有关系, 可如果真想维持这段友谊的话, 沟通是必不可少的, 即使圈子不同了, 我们依然可以分享彼此的快乐, 彼此周围稀奇古怪的事情, 可是我们没有。这段曾经刻骨铭心的友情到此结束了, 只是再回忆起当年那些欢笑不禁有点遗憾罢了。

我们都少了让别人感受到我们的爱，我喜欢那种行为上、细节上的贴心，那种温暖，现实给我们的是，懂你的人会懂你的细心，不懂你的人是看不到的。自信满满的好像自己做了很多值得被夸奖的事情，郁闷的是对方根本没有 get 到这个点。那么我们不得不在爱的表现形式上变化了，母亲需要的或许是听听你讲述的生活，或者想发发牢骚给你听，比如，"广场舞某某个大爷挺帅的""菜价又贵了，一斤黄瓜都 6 块钱一斤了"。潮一点的母亲没准会说"仲基欧巴真的好帅啊""我前几天跟我的小姐妹去买了好几件好看的衣服"。与家人的交流，我想更重要的是做一名倾听者，听而不觉得不耐烦，认真且诚恳地及时给予回应，让家里人觉得"嗯，你听着呢，那我继续说"。不耐烦的内容，左耳朵进右耳朵出就算了，我认为这样的陪伴更是在尽孝，不像是逢年过节送个礼，给家里人买点东西就可以的。

孝子之养也，乐其心，不违其志。孝有三：大尊尊亲，其次弗辱，其下能养。礼记当中所言"孝"，从古至今，孝都应该从内而外的乐意去做，没有逼迫没有强求，完全是靠自觉和自己想做，并且高兴去做。大部分

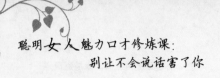

小伙伴应该都知道《银魂》——日本一部特别著名的动漫，动漫中所比喻女子生孩子如同从鼻孔里挤出西瓜。虽说这个比喻莫名其妙，还有些可笑，细想一想确似乎是对的。形象的让人感受到了生孩子的那份痛苦，不禁觉得鼻孔一紧。

我们中国，提倡孝，赞美孝。我希望在生活当中，和父母沟通实际都是为了让自己好过一些。如果是在上学的学生，最多的感触怕是觉得父母不理解自己，何来不理解自己，或许是父母在这方面也没有做到好的带头作用。沟通需要双方的认可，如果单纯的一方急于表达，而得不到另一方的呼应，那么这次对话则肯定以失败告终了。工作党们呢，家里人难免有催结婚的，有催孩子的，各种各样。

经营感情还是那两个方面，一方面是行为，另一方面则是语言。双管齐下，感情看似比较容易从始至终了。

 **教育需要交流，并不只是买、买、买**

虽然这个题目有点像关于教育了，并不全是，父母

养育孩子的教育指导与交流是密不可分的。现在有很多
聪明的家庭，有奖惩制度，考了一个好成绩就奖励性
的买东西啦，或者带出去旅游玩啦，等等奖赏方式。有
奖则有罚，考了个不及格，在学校里搞对象被老师发现
了，一般都会受到严厉的批评，甚至一顿毒打。虽然不
提倡体罚，但这种现象还是很普遍的发生着。

我想每个人在青少年时期，都有个共同的想法"为
什么我的爸爸妈妈总是不理解我，我好想离家出走"。
这种想法的到来与好学生坏学生无关，我想每个在青春
期阶段的少男少女们总会有过这种想法，想要快快的长
大，想要远走高飞。父母觉得孩子不理解自己的一片苦
心，孩子认为大人无法理解自己的思想。互不理解，互
不想去理解。导致了矛盾的增生，或许日复一日的长大
之后，年少时期那份埋怨会逐渐减淡，但在脑海里持久
以恒的依然是父母的不理解，只是到现在想想之后，可
以算是无所谓不用那么斤斤计较了。

尤其为了避免这样的误会产生，交流则是万万不可
丢弃的。我曾经见识过一个家庭，家庭成员是父母和两
个孩子，一位稍微年长的哥哥，还有一位比哥哥小五六
岁的妹妹。家庭环境不算是很富裕，好在也不太贫苦，
想买的东西可以逢年过节买一买，好比人家穿的是 LV，

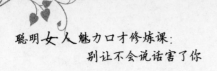

可以买仿冒的淘宝货一样。按常理来想，家里的兄弟姐妹之间感情应该是很亲密的，从小玩到大，拌过嘴打过架长起来的。而这个家庭当中环绕着一种奇怪的氛围，举个例子吧。

吃饭的时候，母亲下班回来的比较早，把饭菜做好了摆放在餐桌上，呼唤两个孩子吃饭。这时候爸爸还没回来，三个人一起吃饭。如果是我太没见识请见谅，我想在中国的大部分家庭，饭桌上与家人都是边聊天边吃饭。一天下来，汇报一下学校的事，让父母听一听，成绩的事，或者跟同学在一块的所见所闻好玩的事，八卦八卦老师呀这些话题。都可以作为饭桌上的聊天内容的，毕竟在这一天其实和家人在一起的时间很短，也就吃饭这点工夫说说话，学校留的繁重的作业，哪还再有时间唠家常了呢？可是这家就不一样了，吃饭的时候连根针掉地上都能听见的感觉。每个人都在安静的吃饭，谁都不理谁，只听到咀嚼的声音，筷子碰到陶瓷盘子和碗清脆的响声。没有一个人说话，甚至没有表情。没有表情倒是不奇怪，如果谁都不说话脸上还带点开心或者难过的表情显得就更诡异了。

他们家发生过什么难过的事？没有，什么不好的事都没有发生，也并不是一天这样，每天的晚饭都是这么度过的。死一般的寂静……这也是我说我遇到的一个让我觉得心生胆战的家庭。即使父亲回来之后，跟母亲会有些交流，但俩人跟孩子们之间几乎很少说话。兄妹之间各玩各的电脑，平常很少说话，感情也比较淡薄。准确的说，除了血缘关系他们可能根本不爱对方，更不知道什么是爱。家庭的环境，就好像这两个孩子只是进了个网吧，分别弄了个包间，互不搭理，见着了同空气一般。

分别和这家的四个人聊天的话，觉得他们都不算是特别内向的人，很有话聊也很爱笑，他们都清楚怎么和别人交流，到了自己家庭里面倒是很难掌握。后来我听说家中的父亲在外面有了外遇与母亲离婚了，大一点的哥哥出去工作了也不在家里住，妹妹上大学后住校了。四个人分隔开来，问起来也不见得多么想念，各自有各自的小生活，倒看着比原来更滋润了一些。

家庭的和睦相处，交流起很重要的作用，外面社会的风风雨雨，我们都说家才是真的避风港，何不把这避风港营造的更加温馨可靠？

青少年时期，我们会有很多的小秘密，比如，隔壁班的女孩对我多看了一眼，今天碰到的那个男生高大帅气……有很多懵懂的情愫在青春期蔓延开来，很多家庭包括老师都一再地声明着，克制！一定要克制！早恋是

205

不好的，是耽误学习的，会毁了未来的！仿佛把这份年少懵懂单纯的感情直接给升级成了一颗巨大型的原子弹，随时只要爆炸就会炸毁整个人生。我认为用这来形容某些老师和家长的教育手段来看一点都不夸张。谁年轻的时候没犯过几次傻，谁年轻的时候还不能有个他／她了？

家长和老师的担心不全是无理的，长大了或许更理解青春期的时候那真是叫犯傻，毫无理智可言，执拗地说着爱情，又对爱情的含义模模糊糊。也有那种从小到大终成眷属的故事，我想这并不是全部的，只能算是个例。喜欢可以说是喜欢，如果说是爱情，我想还是再多考虑考虑吧。年轻是个应该多读书的年纪，年轻也是个敢爱敢恨的时期。只要每一位都能拿得住，我指是有自己的底线。没有必要看着那个男生抽烟，就觉得很酷学习，那个女生化妆好看，就开始在没什么压岁钱的时候买堆劣质化妆品在脸上涂涂抹抹。

什么是个性，不随波逐流的算是个性，不乱七八糟跟风的算是个性。一个班里大家都认认真真学习，就你一人敢爆粗口骂老师，这叫个性？一个班里大家都是素颜校服，就你一人敢抹粉底画眼线上课，这叫个性？每一个时期都有我们去适应的，等再过十几年，那些青葱年少的时候，真正是回味的重要片段。

一个人怎么才能让另一个人理解自己，除了靠一张嘴，还怎么更直观的让对方理解呢？那些难开口的不如写下来寄给对方，那些不想与别人分享却急于发泄的，不如写下来寄给自己。

排解困扰和苦恼在交流和分享当中都会得到一定程度的解脱，灵魂的放松。现在有个网络热词很多人应该听说过，"soulmate"，意为灵魂伴侣。灵魂伴侣能带给我们什么？无非是理解，包容，倾听者的角色。成了现代每个人更向往去拥有的，找一个可信的人如果太难，家里的人是否可以信？家里的人或许不能理解，那么不如写下来吧。建立一个私人的博客，匿名地写着在自己身上的故事。也有人会看，会留下评论。这种方法如果有人尝试了，我很期待得到的会是什么。

互相的体谅和沟通才能使家庭的温暖更加坚固不催，爱一直都在。

 **事业家庭双丰收，与说话密不可分**

科技发达的现代社会当中，几乎每个人都在忙碌的生活，学生有做不完的作业，工作党有加不完的班。日复一日的拼搏努力当中，会有很多被忽略掉。忘了亲人的生日，搁置了做某件计划很久的事情。紧密的生活当中，我们只想留下那么一点时间喘喘气，擦擦汗，就又继续征程。当然懒人自会忙里偷闲，生活如果已达到想要的标准了，稳定下来就或许没那么忙碌了。有些人过忙导致和家庭联络少，有些人懒惰的甚至也忘了。

　　我曾看过一个热议的话题"你可以接受异地恋吗"？说到这我遇到过很多异地恋的情侣，有的夫妻也是常年的异地。有些人可以接受，有些人则绝对接受不了，那是什么原因呢？首先异地恋会让我们有一种不安全感，由于不是低头不见抬头见，相隔千里，单单只通过电脑、电话一些科技联络也不及一个温暖的拥抱，不及一个亲切的吻。我想异地恋就足以清晰地说明，纵然说话可以天花乱坠，也有更多的不可及的地方。更别说那些如果异地了，联络都少了的，那更不可能维持的久了，婚外恋甚至劈腿的几率大幅度的增加。

　　言语交流在我看来是一种直观，也略显肤浅的形式。语言表达纵然可以口吐莲花，再往更深的情感来看，语言只是一种初形态。很多人常讲，我想找的是一个即使不说话，在我旁边也不会显得无聊的人。情至深处，言则浅薄。行为上体现的，更是从心灵深处，生活习惯所表现的。说话主要在于搭讪，认识，喜欢，到爱的时候是行动。

我第一次租房子的邻居，是一对夫妻，结婚三年家里无子。听说妻子在一家外企，丈夫则在一家私企。工作力度很大，早上七点左右出门，晚上十点、十一点到家都是很普遍的。妻子总想着现在养孩子压力很大，从吃穿上，从教育上哪个方面都不能穷，等钱挣够了，再想要一个孩子。我们大概都在网上看到，有个词叫"七年之痒"。这对夫妻恋爱四年，结婚三年，刚刚好到这个"痒"的时候了。忙碌的生活让两人精疲力尽，偶然看见这对夫妻在路上相遇，都不会打一个招呼。周末在家的时候，经常听到的是两个人互相的谩骂，摔东西，哭喊声，夹杂在本来安逸的休息日，最后一个人重重地摔了门，夺门而出的结局。

不止我一个人这么想过，为什么曾经那么相爱，变成了现在这样的不耐。到底是时间的推移让爱情变质了，还是外界的原因让相爱的人心变了。后来丈夫搞了外遇，人人喊打的小三角色就这样出现了。有很多人会说，小三遭天谴，拆散了别人的家庭。我当时也是这么想的。而后一想，这个责任全在小三身上吗？其实不

然，假如男方意志坚定，对妻子一心一意，小三？通常
也就叫作一个单恋者，真正成为小三这个角色，那说明
是两厢情愿了。双方都有责任，也毫无轻重可分了。某
一次我回家的时候，正好碰到邻居家的男人和一个年轻
可爱的姑娘在一起。男人已经 28 岁了，那姑娘看着像
是个大学生，20 岁出头的样子，长得很水灵可爱。女
孩揽着男人的手臂，头靠在男人肩上，看样子有说有笑
的，她还时不时捶男人一下，仿若是热恋中的情侣。如
果不知道那男人是个已婚男人的话，此情此景实在令人
羡慕。

　　我当时脑补的画面现在想想有些阴暗，我想这时候
他的妻子出来抓奸，怒抽大骂小三数百次，狠狠地甩那
男人一嘴巴，这样才来得过瘾。可惜什么都没发生，过
了一阵子我再没看到过那个男人了，只有他妻子一个人
的身影。见到她的时候寒暄了几句，我没敢提关于那男
人的事情，她就自己说："估计你也发现了，我们俩很
久没在一起了，我们离婚了。他说的对，趁现在年轻还
没到 30 岁，我应该找个更适合我更爱我更能包容我的
人在一起。他做不到了，走了也好。"我安慰她，她有
事业还年轻，一定会找到一个更好的男人。她苦笑了
笑："从认识到现在离婚小十年了，我想没有人比我更

懂他，也没有人比他更懂我，可是我们竟然把爱情都忽略掉了。他已经有了新欢，我也不至于再放不下他这个旧爱了。"听完之后我有些心酸，抱了抱她："都会过去的，幸福会来的。"

我不认为爱情和事业难两全，聪明的人自会有聪明的解决办法。孰轻孰重，我想心里总要有个比重。钱重要还是人重要？这不用说心里的这杆秤都已经有了偏重。在心理学上面，爱情是有保质期的，长的也最多维持两年，短的或许只有几个月。最终陪伴我们的人，是那个适合过日子的，值得珍惜和守护的，全天下独一无二的。无论是男人还是女人，都应该有选择的权利，不要将就，也别为了结婚而结婚，别让幸福在一念之间错过。从表达爱，奉献出爱的时候，或许算是一种弱点。容易被伤害，容易心疼难过。但人活着一辈子，敢爱敢恨才不枉此生。

我的同事也是个异地恋的家庭，他的妻子和孩子远在老家新疆，他自己孤身一人来到北京拼搏事业。我总能看到的是，一到午休时候他妻子来的电话视频，问他吃没吃饭，吃的什么，在哪吃的。听说在回家的时候也总会来个视频，问他是否在家里，有没有出去，家里有谁，一一打探清楚。虽说妻子一人在家带孩子也不容易,孩子生病的时候他会立即买张机票,立刻飞回到新疆照顾孩子。如此已维持一年多了,两个人的感情稳固如初,我同事也算是个居家好男人,也从来不去烟花酒地的场所,生活习惯良好也无不良嗜好。不抽烟不喝酒,文质彬彬的,每天工作很勤奋敬业。我倒是挺佩服这样的男人,言辞当中的文雅,透露着他的气质和文化。平日生活中的作风,更透露着他的性情和本质。那时候我们问他,长时间不回家,会不会和妻子闹矛盾吵架,他腼腆地笑笑答:"吵架肯定会,我绝对第一个认错,不管是她错了还是我错了,我都第一个认错。"我们笑着说:"那你是不是妻管严啊?"他摇摇头答:"我不认为我这样是妻管严呀,其实有时候她错了,她自己都知道,就是死鸭子嘴硬。我总得给她一个台阶下,她确实挺辛苦的,冲我发发牢骚我也不觉得怎么样呀。夫妻之间嘛,我是男人我让着她,我觉得这不算是妻管严,相反我觉得这样才算是一个真正的男子汉。"这番话下来,让我真是不得不佩服他。我大概能懂得,那个女人即使和丈夫相隔万里也心甘情愿的理由是什么了。

　　交流必不可断,难得的是勿忘初心。还是那句话,珍惜现在所拥有的。想起沃尔夫说过的一句话:我们借助于语言来探索万物的本质。可是很多时候,我们忘记了语言不仅仅是一种交流体验的工具，它更是一个决定我们能够体验什么和如何体验的框架。

善于利用语言，换个心态思考，我们会对很多事有所宽容，不再那么斤斤计较。当然我是指那些不超越底线，那些可以值得被宽容的。事业和家庭，生活当中必不可少的两部分，谁说鱼和熊掌不可兼得，在于心态，在于做法。而这些种种的方式方法，则需要在实际发生中找到解决的秘药了。